Miejsca pełne BOGActw

Miejsca pełne BOGActw

Podręcznik do religii
dla klasy IV
szkoły podstawowej

Kielce 2022

Podręcznik nr AZ-21-02/12-KI-1/12 do nauczania religii rzymskokatolickiej na terenie całej Polski, z zachowaniem praw biskupów diecezjalnych, przeznaczony dla klasy IV szkoły podstawowej, zgodny z programem numer AZ-2-02/12.

Recenzenci
ks. prof. dr hab. Ryszard Czekalski, ks. prof. dr hab. Andrzej Kiciński

Autorzy
ks. dr Krzysztof Mielnicki, Elżbieta Kondrak, Bogusław Nosek

Współpraca

s. Dorota Adamek	Emilia Fert	Ewelina Parszewska
Magda Chomać	s. Krystyna Jasińska	Agnieszka Sętorek
s. Katarzyna Chmielnicka	Dorota Koroś	Barbara Sosnowska
Marta Czerniewicz	Małgorzata Kruza	Jadwiga Stano
Elżbieta Ćwierz	Dariusz Kurpiński	Halina Sutkowy
s. Avelina Dębecka	Iwona Mergo-Golatowska	ks. Marcin Szymanik
Ewa Felis	Aleksandra Paluch	Dorota Tokarska
		Bożena Zdzieborska

Konsultacja
ks. dr Jarosław Czerkawski

Redakcja techniczna
Elżbieta Kościańska

Korekta
Michał Rowiński

Projekt okładki
Justyna Kułaga

Mapy
© Shutterstock, AridOcean z wyjątkiem: NASA (zdjęcie Jerozolimy, http://eol.jsc.nasa.gov/scripts/sseop/photo.pl?mission=ISS013&roll=E&frame=55618) s. 98, 100, 104, 106, 108, 112, 116, 118 oraz © Edizioni San Paolo s. 58

Ilustracje
Aleksandra Makowska (Wszędek i ikonki); Archiwum Wydawnictwa „Jedność" s. 12, 13, 14, 16, 19, 20, 21, 28, 29, 30, 31, 32, 34, 36, 38, 39, 54, 56, 60, 64, 67, 68, 69, 72, 74, 76, 90, 94, 98, 101, 103, 106, 119, 121, 131, 132, okładka; NASA (Ziemia z kosmosu) s. 10, 138; Wikipedia s. 10, 131, 134; ks. Tomasz Kałuski s. 8, 11, 65, 75, 133, 135, okładka; ks. Dariusz Kucharek s. 37; ks. Przemysław Pabjan s. 17, 83, 99, 117; Daniel Szlufik s. 42, 129, 136, 137; Teresa Wierusz s. 45, 85, 97, 100, 105, 113, 115, 116, 118, 122, 124; © Corbis, Hanan Isachar s. 87; © Severino Balardi, Aldo Ripamonti s. 78, 81, 82, 89; © Severino Balardi s. 18, 51, 53; z zasobów Księży Sercanów z Parafii Dobrego Pasterza w Lublinie s. 108; © Shutterstock: Andi Berger s. 95, Artur Bogacki s. 43, Cristian Lisii s. 71, Dmitriy Shironosov s. 15, Eder s. 129, Ekaterina Lin s. 77, fotoadrenalina s. 23, Jasenka Luka s. 47, Kim Briers s. 26, Kletr s. 128, Linda Hughes s. 139, makarenko s. 79, Malgorzata Kistryn s. 41, Marc van Vuren s. 26, Mikhail Levit s. 104, okładka (Jezus na krzyżu), Pal Teravagimov s. 139, PavelSvoboda s. 139, Pecold s. 22, Renata Sedmakova s. 91, SeanPavonePhoto s. 109, Seleznev Oleg s. 27, Serg64 s. 46, Sergey Pesterev s. 35, Tomasz Parys s. 91, Tracy Whiteside s. 12, white coast art s. 128, Yuri Arcurs s. 70

Teksty Pisma Świętego według Biblii Tysiąclecia, wyd. V, Pallottinum, Poznań 2002

© Copyright by Wydawnictwo JEDNOŚĆ, Kielce 2012
Wydanie II poprawione

ISBN 978-83-7660-591-3

Wydawnictwo JEDNOŚĆ
25-025 Kielce, ul. Jana Pawła II nr 4
Dział sprzedaży, tel. 41 349 50 50
Redakcja, tel. 41 349 50 00
www.jednosc.com.pl
e-mail: jednosc@jednosc.com.pl

Za zezwoleniem Władzy Duchownej
Nr OJ-60/12
Kielce, 21 maja 2012 r.
ks. Jan Szarek Wikariusz Generalny

Druk i oprawa:
Drukarnia im. A. Półtawskiego
www.drukarnia.kielce.pl

Drogi Uczniu! Droga Uczennico!

Masz za sobą kilka lat poznawania Pana Jezusa na lekcjach religii. Przyjmujesz Go już w Komunii Świętej. Potrafisz rozpoznać Bożą obecność w świecie i w Twojej codzienności. Potrafisz też rozróżniać czyny dobre i złe. Przystępując do sakramentu pokuty i pojednania, korzystasz z łaski Bożego przebaczenia. W ten sposób doświadczasz, jak bardzo Bóg Cię kocha.

Katechezy w klasie czwartej jeszcze bardziej przybliżą Cię do Boga, do Pana Jezusa i do Jego Matki Maryi. Poprowadzą Cię do miejsc pełnych BOGActw, które odkryjesz w towarzystwie sympatycznego wędrowca o imieniu Wszędek.

Czytając ten podręcznik, napotkasz powtarzające się znaki graficzne:

 towarzyszy tekstom modlitwy i wzywa do niej;

 zachęca do śpiewu;

 wzywa do refleksji, zastanowienia się;

 występuje przy najważniejszych treściach, które trzeba zapamiętać;

 oznacza zadania proponowane do wykonania w domu.

Niektóre fragmenty wyróżnione są specjalnym tłem. Mają one wyjątkowe znaczenie, ponieważ pochodzą z Biblii.

Treści i ilustracje zawarte w podręczniku są pełne BOGActw. Odkrywaj je z radością na katechezie i w domu.

Autorzy

I

Wielki kosmos i moje podwórko

Alleluja, chwalcie Pana u świątyni bram,
chwalcie Go na niebiosach pośród gwiazd.
Chwalcie Go za wielkie dzieła Jego rąk,
chwalcie Go za potężną Jego moc.
Wszystko, co żyje, niech chwali Go, Alleluja!

1. Miejsca wakacyjnych wspomnień – wspaniałość świata

Witaj Kolego!
Witaj Koleżanko!

Pozwól, że się przedstawię: mam na imię Wszędek. Bardzo lubię podróżować. Jeśli wskażesz na mapie jakieś miejsce, natychmiast odpowiem: byłem tam... i tu też. Mogę powiedzieć, że byłem wszędzie – stąd moje imię, a właściwie pseudonim: Wszędek. Chcę się z tobą podzielić bogactwem moich wędrówek. Chcę cię zabrać w fascynującą podróż do miejsc pełnych BOGActw. Mam nadzieję, że zainteresują cię te miejsca i z każdego z nich wrócimy ubogaceni.

Jednak zanim przejmę rolę przewodnika, opowiedz mi o twoich wakacjach. Opowiedz o miejscach, które odwiedziłeś. Zwłaszcza o tych, które najmilej wspominasz. Opowiedz o tym całej twojej klasie.

Co cię w tych miejscach zachwyciło?
Czym cię one ubogaciły?
Czym wzbogaciły twoją wiedzę?
Czym ubogaciły twoje uczucia, twoje serce?
Komu chcesz za nie podziękować?

> Radośnie wykrzykuj na cześć Pana, cała ziemio,
> cieszcie się i weselcie, i grajcie!
> Niech huczy morze i to, co je napełnia,
> świat i jego mieszkańcy!
> Niech rzeki klaszczą w dłonie,
> niech góry razem wołają radośnie!
>
> (Ps 98,4.7-8)

Dziękuję, Boże, za piękne słońce,
za trawę, niebo, kwiaty na łące.
Dzięki za koty, motyle, drzewa.
Dziś pieśń pochwalną me serce śpiewa!
Bądź pochwalony w jeziornej toni,
w plusku ryb srebrnych,
w ziół letniej woni,
w wiatru pieszczotach
i w szumie trzciny.

Cześć niech Ci dadzą, Boże, maliny,
truskawki, jabłka, śliwki i gruszki,
pęczki rzodkiewek,
natka pietruszki
i morskie fale,
i górskie szlaki,
leśne ścieżyny,
figlarne ptaki.
Dzięki za mnóstwo letnich atrakcji!
Bądź pochwalony za czas wakacji!

Anna Jóźwik

Zastanów się

– W jaki sposób podziękujesz tym, którzy opiekowali się tobą podczas wakacji?

Zapamiętaj

Piękny świat, który nas otacza, jest darem Pana Boga dla ciebie i wszystkich ludzi. Każdy człowiek powinien szanować przyrodę, którą stworzył Bóg.

Zadanie

Ułóż własną modlitwę dziękczynienia za wakacyjne miejsca.

2. Niebo i ziemia – całe stworzenie chwali Boga

Dzisiejszą podróż zaczniemy od wyprawy w kosmos. Ziemia jest jakby pyłkiem w nieogarnionej kosmicznej przestrzeni. Słońce, wokół którego krąży, jest tylko jedną z miliardów gwiazd. Chodząc po ziemi i patrząc na niebo, zobaczysz wspaniałe dzieła Boga. Jest ich tak ogromnie dużo, że możesz wymienić tylko niewielką ich część.

Zanurkujmy w głębiny oceanu. Jest się czym zachwycać.

Czy pomyślałeś kiedyś, skąd się wzięły te piękne miejsca, rośliny, zwierzęta? Nie przypadkiem nazywamy je stworzeniami. Przeczytaj, co o powstawaniu świata mówi Pismo Święte.

Na początku Bóg stworzył niebo i ziemię. Ziemia wydała rośliny zielone: trawę dającą nasienie według swego gatunku i drzewa rodzące owoce, w których było nasienie. A Bóg widział, że były dobre.

A potem Bóg rzekł: „Niechaj powstaną ciała niebieskie, świecące na sklepieniu nieba, aby oddzielały dzień od nocy, aby wyznaczały pory roku, dni i lata; aby były ciałami jaśniejącymi na sklepieniu nieba i aby świeciły nad ziemią". I tak się stało. A widział Bóg, że były dobre.

Potem stworzył Bóg wielkie potwory morskie i wszelkiego rodzaju pływające istoty żywe, którymi zaroiły się wody, oraz wszelkie ptactwo skrzydlate różnego rodzaju.

Bóg uczynił różne rodzaje dzikich zwierząt, bydła i wszelkich zwierząt pełzających po ziemi. I widział Bóg, że były dobre.

(Rdz 1,1.12.14-15.18.21.25)

Patrząc na piękno oraz wielkość stworzeń, możesz stwierdzić, że ich Stwórca jest wielki, piękny, dobry i wspaniały.

Wszystkie stworzenia uwielbiają swoim istnieniem swego Stwórcę. Dołącz do nich, wypowiadając zaczerpnięte z Biblii słowa modlitwy:

Chwalcie Go, słońce i księżycu,
chwalcie Go, wszystkie gwiazdy świecące.
Chwalcie Pana ogniu i gradzie, śniegu i mgło,
gwałtowny huraganie,
góry i wszelkie pagórki,
drzewa rodzące owoc,
dzikie zwierzęta i bydło wszelakie,
to, co się roi na ziemi, i ptactwo skrzydlate.

(Ps 148,3.8-10)

Każesz rosnąć trawie dla bydła
i roślinom, by człowiekowi służyły.
Tyś stworzył księżyc, aby czas wskazywał;
słońce poznało swój zachód.

Jak liczne są dzieła Twoje, Panie!
Ty wszystko mądrze uczyniłeś,
ziemia jest pełna Twych stworzeń.
Oto morze wielkie, długie i szerokie.

(Ps 104,14.19.24-25)

 ## Zaśpiewaj

Alleluja, chwalcie Pana u świątyni bram,
chwalcie Go na niebiosach pośród gwiazd.
Chwalcie Go za wielkie dzieła Jego rąk,
chwalcie Go za potężną Jego moc.

Ref.: Wszystko, co żyje, niech chwali Go. Alleluja! /x2

 ## Zapamiętaj

Wszystkie zjawiska obserwowane w przyrodzie i wszystkie stworzenia swoim istnieniem uwielbiają Boga jako Stwórcę.

 ## Zadanie

Narysuj lub opisz najpiękniejsze twoim zdaniem dzieło Boga.

3. Niezwykła biblioteka – Pismo Święte

Wybieramy się do biblioteki. Znajdziemy tam regały, a w nich książki. Podzielone na różne działy, zawierają wiele informacji. Gdy wyciągniesz rękę, weźmiesz książkę i otworzysz ją, przeniesiesz się w inny świat. Kiedy sięgniesz po „W pustyni i w puszczy", to spotkasz Stasia i Nel, którzy przeżywali swoje przygody w Afryce. Czytając „Przygody Tomka Sawyera", razem z nim będziesz poszukiwać skarbu.

Będziemy podróżować po kartach księgi, która ma wielu bohaterów. Została napisana dla wszystkich ludzi na świecie. To wyjątkowa księga – Biblia. Dla chrześcijan jest ona księgą najważniejszą ze wszystkich. Nazywamy ją również „Pismem Świętym" i „Słowem Bożym".

Biblia nie jest księgą naukową, choć znajdziemy w niej wiele informacji. Jest ona przede wszystkim księgą o miłości Boga do ludzi. Czytając ją, możemy się modlić, czyli rozmawiać z Bogiem. W ten sposób możesz modlić się sam bądź z kimś z rodziny, dzieląc się tym, co mówi do nas Bóg. Jego słowa są uroczyście czytane w kościele podczas Mszy Świętej, a także różnych nabożeństw. Słowa Boga zapisane w Piśmie Świętym mają siłę przemienić serce człowieka, by stał się dobry. Ponieważ Biblia jest księgą wyjątkową, świętą, powinniśmy ją szanować bardziej niż inne książki.

Czy wiesz, że...

Biblia jest najczęściej drukowaną książką na świecie. Obecnie drukuje się 21 milionów egzemplarzy w ciągu jednego roku.

Biblię wydaje się jako książkę, w postaci płyt do słuchania, a także w postaci programu komputerowego.

Biblia składa się z dwóch części, to znaczy ze Starego i Nowego Testamentu. Tworzy je wiele pism i ksiąg. Biblia to prawdziwa biblioteka. Stary Testament składa się z 46, a Nowy Testament z 27 ksiąg. Pierwsza część Biblii jest więc znacznie obszerniejsza od drugiej. Gdy porównamy liczbę stron, zobaczymy, że Stary Testament jest cztery razy grubszy od Nowego.

Wszystkie księgi Biblii łączy coś wspólnego: opowiadają one o spotkaniach ludzi z Bogiem, ich wspólnym wędrowaniu, począwszy od stworzenia świata aż do powstania chrześcijaństwa.

Stary Testament

Pięcioksiąg

Księgi historyczne

Księgi mądrościowe i Psalmy

Księgi prorockie

Nowy Testament

Cztery Ewangelie i Dzieje Apostolskie

Listy

Apokalipsa

 ## Zaśpiewaj

Słowo Twoje, Panie,
niech przebudzi mnie.
Tylko Ty masz słowa życia,
Jezu, prowadź mnie!

Warto wiedzieć

Wyraz „biblia" pochodzi z języka greckiego i dosłownie znaczy „księgi".

 ## Zastanów się

– Gdzie w twoim domu znajduje się Pismo Święte?
– Kto czeka na ciebie, gdy otworzysz księgę Pisma Świętego?

 ## Zapamiętaj

Biblia składa się z dwóch części, to znaczy ze Starego i Nowego Testamentu. Stary Testament zawiera 46, a Nowy Testament 27 ksiąg.

 ## Zadanie

1. Odszukaj w domu egzemplarze Biblii i napisz ich tytuły w zeszycie.
2. Zastanów się, które miejsce w twoim domu jest ciche i spokojne. Usiądź tam wygodnie i przeczytaj fragment Biblii.

4 | W poszukiwaniu ogrodu Eden – opowiadanie o szczęściu

Wybierzmy się do ogrodu, który pierwsi ludzie otrzymali w darze od Boga. Ludzie byli tam bezgranicznie szczęśliwi, ponieważ najważniejszym darem, jaki otrzymali, była przyjaźń z Bogiem. Przeczytaj, jak wyglądał ten ogród, który nazywamy również rajem:

> A zasadziwszy ogród w Edenie na wschodzie, Pan Bóg umieścił tam człowieka, którego ulepił. Na rozkaz Pana Boga wyrosły z gleby wszelkie drzewa miłe z wyglądu i smaczny owoc rodzące oraz drzewo życia w środku tego ogrodu i drzewo poznania dobra i zła. Z Edenu zaś wypływała rzeka, aby nawadniać ów ogród. Pan Bóg wziął zatem człowieka i umieścił go w ogrodzie Eden, aby uprawiał go i doglądał.
>
> (Rdz 2,8-10.15)

Dla ludzi żyjących na terenach pustynnych, gdzie spisywane były biblijne księgi, największym pragnieniem było znaleźć żyzną ziemię, na której mogłyby rosnąć pożywne owoce. Opis ogrodu Eden musiał być dla nich bardzo atrakcyjny.

Charakteryzowało go to, że:
- zasadził go Bóg,
- na Boży rozkaz wyrosły w nim piękne drzewa,
- owoce tych drzew były smaczne,
- przez ogród płynęła rzeka, która go nawadniała,
- w środku ogrodu rosło drzewo życia oraz drzewo poznania dobra i zła.

Każdy chciałby mieszkać w takim ogrodzie szczęścia. Gdzie możemy go znaleźć? Wybierzmy się na poszukiwania.

Ogród Eden jest tam, gdzie ludzie:
- pamiętają, że Bóg jest ich Stwórcą,
- dziękują Bogu za dar życia, które od Niego otrzymali,
- dostrzegają piękno,
- żyją w przyjaźni z Bogiem,
- troszczą się o wszystkie Boże dary.

Ten niezwykły ogród Bóg zasadził ze względu na ciebie. Ten ogród Bóg zasadził w twoim sercu. Ofiarował ci swoją przyjaźń i obdarzył ogromnym zaufaniem. Teraz pragnie, byś troszczył się o otaczający cię świat i żył w zgodzie z innymi ludźmi. Nosząc w sercu i pielęgnując Bożą przyjaźń, będziesz szczęśliwy. Każde miejsce, w którym się znajdziesz: dom, szkołę, podwórko, ławkę przed blokiem, będziesz mógł nazwać ogrodem Eden. Bóg daje szczęście, ale ty możesz Bogu w tym pomagać.

Modlitwa Świętego Franciszka z Asyżu

Panie, uczyń ze mnie narzędzie Twego pokoju.
Spraw, bym tam, gdzie nienawiść, niósł miłość.
Tam, gdzie zniewaga, niósł wybaczenie.
Tam, gdzie niezgoda, niósł jedność.
Tam, gdzie wątpliwość, niósł wiarę.
Tam, gdzie błąd, niósł prawdę.
Tam, gdzie rozpacz, niósł nadzieję.
Tam, gdzie smutek, niósł radość.
Tam, gdzie ciemności, niósł światło.

Warto wiedzieć

Eden, raj – ogród, w którym człowiek żył w przyjaźni z Bogiem.

 ## Zastanów się
– Kiedy i w jakich miejscach czujesz się najbardziej szczęśliwy?
– Co daje ci poczucie szczęścia?
– Co możesz zrobić, by inni byli szczęśliwi?

 ## Zapamiętaj
Szczęście ludzi ma swoje źródło w Bogu, w Jego przyjaźni i miłości.

 ## Zadanie
Przeczytaj modlitwę św. Franciszka i tak jak on spróbuj dać innym szczęście.

5 | Za bramą raju — opowiadanie o nieszczęściu grzechu

Poszukajmy odpowiedzi, dlaczego dzieje się tak, że stajemy się nieposłuszni. Wybierzmy się ponownie do ogrodu Eden, gdzie zrobiło się bardzo smutno.

> Pan Bóg wziął zatem człowieka i umieścił go w ogrodzie Eden, aby uprawiał go i doglądał. A tak przykazał Pan Bóg człowiekowi: „Z wszelkiego drzewa tego ogrodu możesz spożywać do woli; ale z drzewa poznania dobra i zła nie wolno ci jeść, bo gdy z niego spożyjesz, niechybnie umrzesz".
>
> (Rdz 2,15-17)

Wtedy wąż podpowiedział kobiecie, że Bóg, wprowadzając ten zakaz, nie ma racji i że byłoby lepiej, gdyby mężczyzna i kobieta sami zamiast Boga decydowali o tym, co jest dobre, a co jest złe. Pierwsi ludzie dali się przekonać wężowi, a nawet pod jego wpływem zaczęli podejrzewać, że Bóg ich oszukał i nie kocha ich naprawdę. Spożyli więc owoc z drzewa, o którym Bóg powiedział, że nie wolno z niego jeść. Myśleli, że w ten sposób staną się równi Bogu. Tymczasem po zjedzeniu owocu zobaczyli, że są nadzy i słabi, i opanował ich strach. Bojąc się, ukryli się przed Bogiem, który przyszedł, aby z nimi porozmawiać. Bóg zauważył to. Mężczyzna tłumaczył, że wszystkiemu winna była kobieta. Kobieta zaś twierdziła, że winny jest wąż. Od tego czasu wszystko się popsuło: ludzie przestali się kochać, zniknął porządek, jaki zaprowadził Bóg.

W ten sposób Pismo Święte wyjaśnia nam problem zła. Jego głównym sprawcą jest szatan, przedstawiony w tym opowiadaniu pod postacią węża. On od początku zazdrościł ludziom ich szczęścia i dążył do oderwania nas od Boga. Swymi kłamstwami osłabia nasze zaufanie do dobrego Stwórcy i doprowadza do nieposłuszeństwa wobec Bożych nakazów.

Bóg rzekł do mężczyzny: „Ponieważ posłuchałeś swej żony i zjadłeś z drzewa, z którego ci zakazałem, mówiąc: Nie będziesz z niego jeść – przeklęta niech będzie ziemia z twego powodu: w trudzie będziesz zdobywał z niej pożywienie dla siebie po wszystkie dni twego życia. Cierń i oset będzie ci ona rodziła, a przecież pokarmem twym są płody roli. W pocie więc oblicza twego będziesz musiał zdobywać pożywienie".

(Rdz 3,17-19)

Ludzie musieli opuścić ogród. Bóg postawił przed ogrodem Eden aniołów, aby człowiek nie mógł tam powrócić.

Pierwsi ludzie nie posłuchali Pana Boga. Sami chcieli decydować o sobie. Przez nieposłuszeństwo Adam i Ewa oraz wszyscy ludzie utracili Bożą przyjaźń. W ich życiu pojawiło się cierpienie, ciężka praca i niepowodzenia. Poznali, czym jest nieszczęście.

Sprawdź swoją wiedzę

Zapamiętaj

Nieposłuszeństwo pierwszych rodziców wobec Boga nazywamy grzechem pierworodnym. Jego następstwem są cierpienie i śmierć, które dotykają każdego człowieka.

Zastanów się

– Jak wygląda twoje posłuszeństwo wobec rodziców, dziadków, opiekunów, nauczycieli?
– W jakich sytuacjach okazywanie posłuszeństwa przychodzi ci najtrudniej?
– Co robisz, aby trwać w przyjaźni z Bogiem?

Zadanie

Przy wieczornej modlitwie zrób dokładny rachunek sumienia, zastanawiając się, czy byłeś posłuszny przez cały dzień. Zapisz postanowienia na dzień następny.

1. Bóg zabronił pierwszym rodzicom jeść owoce:
   a) z drzewa zdrowia,
   b) z drzewa poznania dobra i zła,
   c) ze wszystkich drzew ogrodu Eden.
2. Diabeł, by nakłonić pierwszych rodziców do grzechu, posłużył się:
   a) przekupstwem,
   b) groźbą,
   c) kłamstwem.
3. Przez swoje nieposłuszeństwo ludzie utracili:
   a) Bożą przyjaźń,
   b) możliwość rozmawiania ze zwierzętami,
   c) nadzwyczajny węch i smak.

6. Drogi powrotu – Bóg szuka tych, którzy zbłądzili

Co się dzieje, gdy ktoś się zgubi? Zagubionym w górach czy na morzu z pomocą przychodzą ludzie: policja, pogotowie, straż i różnego rodzaju służby ratownicze. Co się dzieje, gdy zagubimy się na naszej drodze do nieba? Przecież w życiu spotykamy wiele przeszkód i niebezpieczeństw, które sprawiają, że się gubimy.

Największym niebezpieczeństwem jest grzech. Jego przyczyną jest brak zaufania wobec Boga. Nie wierzymy, że On nas kocha i pragnie naszego dobra. Odrzucamy Jego przyjaźń i nie chcemy z Nim przebywać. Wychodzimy z ogrodu szczęścia. Konsekwencją tego jest smutek i cierpienie.

Człowiek sam nie potrafi wrócić do Boga. Dziś dowiesz się, kto wyruszył na jego poszukiwanie. Przeczytaj tekst Pisma Świętego o obietnicy Boga dla tych, którzy odeszli od Niego.

> Pan Bóg rzekł do węża: „Ponieważ to uczyniłeś, bądź przeklęty wśród wszystkich zwierząt domowych i dzikich; na brzuchu będziesz się czołgał i proch będziesz jadł po wszystkie dni twego istnienia. Wprowadzam nieprzyjaźń między ciebie a niewiastę, pomiędzy potomstwo twoje a potomstwo jej: ono ugodzi cię w głowę, a ty ugodzisz je w piętę".
>
> (Rdz 3,14-15)

Niewiasta, o której mówi ten fragment Biblii, to Maryja. Bóg zapowiada, że Jej potomek pokona szatana, czyli ugodzi go w głowę. Bóg chciał pocieszyć ludzi i zapowiedział, że przyjdzie Jego Syn, który pomoże im wrócić do Niego. Obietnica Boga spełniła się po wielu latach w Betlejem, gdy urodził się Jezus. On przez swoje cierpienie, śmierć i zmartwychwstanie dał dar życia wiecznego tym, którzy w Niego wierzą i postępują zgodnie z Jego nauką. Ten dar nazywamy zbawieniem. Ostatecznie zrealizuje się ono, gdy nastanie koniec świata.

Ponieważ to Jezus dał nam zbawienie, nazywamy Go Zbawicielem. Także imię Jezus oznacza „Bóg zbawia".

> **Warto wiedzieć**
>
> **Zbawienie** – dar życia wiecznego. Bóg daje go tym, którzy z wiarą przyjmą słowa i czyny Pana Jezusa.

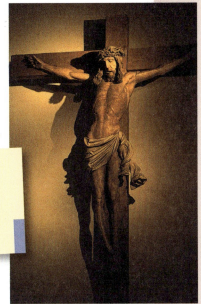

 ## Zaśpiewaj

Jezus daje nam zbawienie,
Jezus daje pokój nam.
Jemu składam dziękczynienie,
chwałę z serca mego dam.

Jezus siłą mą, Jezus pieśnią mego życia.
Królem wiecznym On, niepojęty w mocy swej.
W Nim znalazłem to, czego szukałem do dzisiaj.
Sam mi podał dłoń, bym zwyciężał w każdy dzień.

 ## Zastanów się

– W jaki sposób wyrażasz wdzięczność Panu Bogu za dar zbawienia?

 ## Zapamiętaj

Uczynki miłosierdzia co do duszy:
1. Grzeszących upominać.
2. Nieumiejętnych pouczać.
3. Wątpiącym dobrze radzić.
4. Strapionych pocieszać.
5. Krzywdy cierpliwie znosić.
6. Urazy chętnie darować.
7. Modlić się za żywych i umarłych.

 ## Zadanie

1. Przedstaw na rysunku lub w komiksie wybrany uczynek miłosierdzia co do duszy.
2. W najbliższym czasie spełnij przynajmniej jeden uczynek miłosierdzia co do duszy.

7. Serce otwarte dla wszystkich – pierwsze piątki miesiąca

Każdy z nas musi się zmagać z trudnościami życia. Ty trudzisz się wypełnianiem swoich obowiązków szkolnych i domowych. Dorośli trudzą się wielogodzinną pracą, nieraz bardzo ciężką. Obciążeniem dla wielu jest choroba, cierpienie, brak zrozumienia ze strony innych ludzi. Jednak tym, co najbardziej obciąża nasze serca, jest grzech. Jezus zaprasza wszystkich utrudzonych i obciążonych do siebie i otwiera przed nami swoje kochające Serce.

> Przyjdźcie do Mnie wszyscy, którzy utrudzeni i obciążeni jesteście, a Ja was pokrzepię. Weźcie na siebie moje jarzmo i uczcie się ode Mnie, bo jestem cichy i pokornego serca, a znajdziecie ukojenie dla dusz waszych.
>
> (Mt 11,28-29)

Pewna siostra zakonna, Małgorzata Maria, otrzymała od Jezusa wskazówki, dzięki którym zagubieni grzesznicy mogą odnaleźć drogę do Jego Serca.

Było to ponad trzysta lat temu, w jednym z klasztorów we Francji. Był wieczór, cisza, półmrok w zakonnej kaplicy. Przed tabernakulum żarzyła się czerwona wieczysta lampka. Przed ołtarzem klęczała zatopiona w modlitwie młoda siostra zakonna, Małgorzata Maria Alacoque (czyt. Alakok), i modliła się: „Chryste, daj mi się lepiej poznać, abym Cię miłowała coraz więcej!". Wtedy stanął przed nią Chrystus, wskazując na swe Serce, symbol miłości. Jego Serce było zranione, otoczone cierniami, a nad nim krzyż i płomienie. Serce promieniowało jak słońce na całą postać Chrystusa.

Jezus powiedział: „Oto Serce, które tak bardzo ukochało ludzi, a w zamian za to otrzymuje od nich tylko niewdzięczność, wzgardę, bluźnierstwo i obojętność. Przynajmniej ty Mnie kochaj i staraj się Mi wynagradzać". Małgorzata spytała: „Jak mam to zrobić, Panie?". Jezus jej odpowiedział: „Będziesz jak najczęściej przystępować do Komunii Świętej i tak będziesz wynagradzać Mi za grzechy ludzi – przede wszystkim w każdy pierwszy piątek miesiąca".

Przyjmując Komunię Świętą w pierwsze piątki miesiąca, wynagradzamy za nasze grzechy i za grzechy tych, którzy najwięcej ranią Serce Jezusa. On obiecał, że kto przez dziewięć kolejnych pierwszych piątków przystąpi do Komunii i ofiaruje ją jako wynagrodzenie za grzechy własne i innych ludzi, ten nie umrze bez Jego łaski. Oznacza to, że będzie miał możliwość pojednania się z Bogiem przed śmiercią. Śmierć w stanie łaski uświęcającej, to znaczy w bliskości Boga, gwarantuje nam, że kiedyś osiągniemy niebo. Odprawienie dziewięciu pierwszych piątków miesiąca może uratować nas od cierpienia wiecznego w piekle.

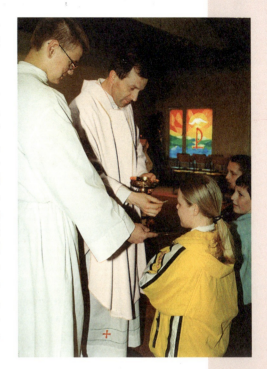

 Módl się

Kochany Panie Jezu, Tobie oddaję moje serce. Nie jest ono wielkie, ale ze wszystkich sił pragnie Ciebie kochać. Weź je, Jezu, i spraw, by było dobre, wolne od grzechu i coraz bardziej podobne do Twojego Najświętszego Serca, którym ogarniasz cały świat. Amen.

 Zastanów się

– Jak w pierwszy piątek miesiąca wynagrodzisz Sercu Jezusowemu za grzechy ludzi i swoje?

 Zapamiętaj

W pierwszy piątek miesiąca ważne jest, by być w stanie łaski uświęcającej i przyjąć Pana Jezusa w Komunii Świętej. Do spowiedzi można iść kilka dni wcześniej.

 Zadanie

Na końcu zeszytu wklej lub narysuj tabelkę, w której będziesz wpisywać daty pierwszych piątków miesiąca.

8 Fatima – miejsce spotkania z Maryją

Udamy się w podróż do miejsca, gdzie Maryja ukazała się trójce dzieci. Było to w małej miejscowości Fatima, leżącej w Portugalii. W tym kraju, wysuniętym najdalej na zachód z państw europejskich, znajduje się miasteczko Fatima. W 1917 roku Fatima była niewielką wioską, o której nikt na świecie nie słyszał. To mało znane miejsce wybrała Maryja, aby przekazać ludziom niezwykłe przesłanie. Gdy spotkała się tam z dziećmi, miejscowość tę poznał cały świat. Wielu ludzi pragnie tam przybyć, by doświadczyć czegoś niezwykłego.

To wydarzenie miało miejsce prawie sto lat temu na polu w okolicach portugalskiej miejscowości Fatima. Troje dzieci: 10-letnia Łucja, 9-letni Franciszek oraz 7-letnia Hiacynta jak zwykle paśli owce. Podczas odpoczynku i wspólnej zabawy dzieci ujrzały błysk światła. Myślały, że zaczyna się burza, i chciały wracać do domu. Błysk światła powtórzył się i ujrzały nad małym dębem Piękną Panią ubraną na biało, z różańcem w ręku. Jej postać jaśniała jak słońce. Odezwała się do wystraszonych dzieci: „Nie bójcie się… Proszę was, żebyście tu przychodziły 13 dnia każdego miesiąca, o tej samej porze. W październiku wyjawię wam swoje życzenia…". Pani poleciła dzieciom, aby swoje modlitwy i cierpienia ofiarowały za grzeszników, prosząc o ich nawrócenie. Przy kolejnym spotkaniu, w czerwcu, poprosiła dzieci, aby codziennie odmawiały różaniec w intencji pokoju na świecie. Powiedziała także, że Franciszka i Hiacyntę zabierze niedługo do nieba. Łucji natomiast powierzyła misję ustanowienia nabożeństwa do swego Niepokalanego Serca. Podczas ostatniego spotkania, 13 października, wydarzył się wielki cud nazwany „tańcem słońca". Oglądało go 70 tysięcy osób. Przed tym cudem Maryja powiedziała:

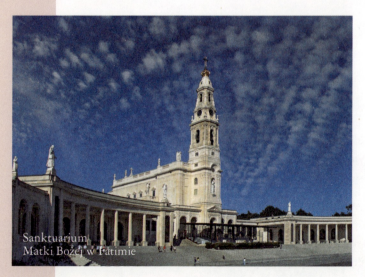

Sanktuarium Matki Bożej w Fatimie

„Jestem Królową Różańca Świętego. Przychodzę zachęcić wiernych do zmiany życia, aby odmawiali różaniec, aby się poprawili i pokutowali za grzechy".

Pan Jezus cieszy się twoim nawróceniem, każdą szczerą spowiedzią i Komunią Świętą. Dzieci o czystych sercach mogą bardzo pomóc Jezusowi w ocaleniu świata, na którym obok dobra jest również wiele zła. Boli to Jezusa i Jego Matkę Maryję.

Z każdym rokiem coraz mniej dzieci i młodzieży przychodzi na różaniec do kościoła. Tłumaczą się, że brakuje im czasu, mają dużo lekcji, zajęć pozalekcyjnych lub po prostu im się nie chce. Wolą spędzić ten czas przed telewizorem, komputerem czy z komórką w ręku…

Każdy z nas może przyczynić się do tego, aby na świecie zapanowała zgoda, miłość i pokój. Czy chcemy spełnić prośbę Maryi wypowiedzianą w Fatimie? Czy chcemy wziąć do ręki różaniec i uczynić go naszą bronią w walce ze złem?

Dziś w Fatimie stoi wspaniałe sanktuarium, do którego przybywają pielgrzymi z całego świata. Modlą się i podejmują nawrócenie, wypełniając prośbę Maryi.

Figura Matki Bożej Fatimskiej

 Zastanów się

— Ojciec Pio powiedział, że „gdyby milion dzieci modliło się na różańcu, wówczas świat napełniłby się pokojem".

 Zapamiętaj

„Jestem Królową Różańca Świętego. Przychodzę zachęcić wiernych do zmiany życia, aby odmawiali różaniec, aby się poprawili i pokutowali za grzechy".

 Zadanie

1. Przez cały październik postaraj się jak najczęściej uczestniczyć w nabożeństwach różańcowych w kościele lub odmawiaj różaniec w domu.
2. Przynajmniej raz w tygodniu jedną dziesiątkę różańca odmów w intencji pokoju na świecie.

Sprawdź swoją wiedzę

1. Człowiek powinien szanować przyrodę:
   a) tylko wtedy, gdy jest piękna,
   b) ponieważ jest darem Pana Boga,
   c) tylko w rezerwatach.

2. Patrząc na świat przyrody możesz stwierdzić, że:
   a) Bóg jest wielki, piękny i dobry,
   b) Bóg stworzył tylko rośliny,
   c) Bóg chce zniszczyć świat.

3. Biblia:
   a) jest księgą podróżniczą,
   b) jest księgą naukową,
   c) opowiada o spotkaniach ludzi z Bogiem.

4. Części Biblii zawierają:
   a) Stary Testament 55, a Nowy Testament 15 ksiąg,
   b) Stary Testament 100, a Nowy Testament 10 ksiąg,
   c) Stary Testament 46, a Nowy Testament 27 ksiąg.

5. Po stworzeniu Adama i Ewy Bóg umieścił ich:
   a) w parku miejskim,
   b) w ogrodzie Eden,
   c) w oazie na pustyni.

6. Adam i Ewa musieli opuścić ogród, ponieważ:
   a) postanowili zwiedzić świat,
   b) utracili Bożą przyjaźń,
   c) brakowało im towarzystwa.

7. Imię „Jezus" oznacza:
   a) Bóg zbawia,
   b) Bóg z nami,
   c) Któż jak Bóg.

8. Pan Jezus poprosił Małgorzatę Marię Alacoque, aby:
   a) dobrze Go wspominała,
   b) co roku chodziła na pielgrzymkę,
   c) wynagradzała Mu za grzechy ludzi.

9. Maryja objawiła się Łucji, Franciszkowi i Hiacyncie w:
   a) Krakowie,
   b) klasztorze,
   c) Fatimie.

10. Maryja podczas spotkania z Łucją, Franciszkiem i Hiacyntą prosiła, aby:
    a) dobrze się uczyli w szkole,
    b) przychodzili śpiewać Jej pieśni,
    c) swoje modlitwy i cierpienia ofiarowali za grzechy świata.

II
Szlak patriarchów

Pan jest mocą swojego ludu.
Pieśnią moją jest Pan.
Moja tarcza i moja moc,
On jest mym Bogiem,
nie jestem sam.
W Nim moja siła,
nie jestem sam.

9. Przeprowadzka Abrahama do ziemi Kanaan

Nomadzi – wędrowni pasterze

Rozpoczynamy nowy rozdział. Poznasz w nim kolejny etap Bożego planu zbawienia wszystkich ludzi. Przedstawiam ci Abrahama. Na początku jego imię brzmiało Abram. Abram przygotowuje się do przeprowadzki. Właściwie całe jego dotychczasowe życie było ciągłą przeprowadzką. Abram i jego przodkowie byli nomadami, to znaczy wędrownymi pasterzami. Jego rodzina wraz z całym dobytkiem ciągle przenosiła się z jednego miejsca w drugie w poszukiwaniu pastwisk dla swoich trzód. Nie budowali domów, lecz mieszkali w namiotach. Łatwo je było zwinąć, a potem rozbić w miejscu nowego postoju.

Jednak przeprowadzka, o której Abram teraz myśli, będzie zupełnie inna. Jej powodem jest Boże wezwanie i niezwykła obietnica.

Pismo Święte tak o tym pisze:

Pan rzekł do Abrama: „Wyjdź z twojej ziemi rodzinnej i z domu twego ojca do kraju, który ci ukażę. Uczynię bowiem z ciebie wielki naród, będę ci błogosławił i twoje imię rozsławię: staniesz się błogosławieństwem. Przez ciebie będą otrzymywały błogosławieństwo ludy całej ziemi". Abram udał się w drogę, jak mu Pan rozkazał. Abram miał siedemdziesiąt pięć lat, gdy wyszedł z Charanu. I zabrał Abram z sobą swoją żonę Saraj i cały dobytek oraz służbę, i wyruszyli, aby się udać do Kanaanu. Gdy zaś przybyli do Kanaanu, Abram przeszedł przez ten kraj aż do pewnej miejscowości koło Sychem, do dębu More. – A w kraju tym mieszkali wówczas Kananejczycy. – Pan, ukazawszy się Abramowi, rzekł: „Twojemu potomstwu oddaję właśnie tę ziemię". Abram zbudował tam ołtarz dla Pana, który mu się ukazał.

(Rdz 12,1-7)

Wypełniając obietnicę, Bóg z potomków Abrahama uczyni wielki naród – Izrael, dając mu w posiadanie ziemię Kanaan. Na tej ziemi i z tego narodu po wielu wiekach narodzi się Zbawiciel. W ten sposób Bóg wypełni daną Abrahamowi obietnicę błogosławieństwa dla ludzi na całej ziemi.

Warto wiedzieć

Imię Abraham znaczy „ojciec mnóstwa". To nowe imię nadał Abramowi Bóg.

Namioty nomadów

Abraham zaufał Bogu i na Jego słowo wyruszył w nieznane. Budując ołtarz dla Pana, wyraził wdzięczność za Jego błogosławieństwo.

Również do ciebie Bóg kieruje swoje słowo. Przemawia głosem twojego sumienia.

 ### Zastanów się

– Jakie Boże polecenia słyszysz w swoim sercu?
– W jaki sposób wypełniasz nakazy swego sumienia?
– W jaki sposób okazujesz Bogu wdzięczność za Jego błogosławieństwo?

Odpowiedz Bogu słowami psalmu:

„Chciałbym słuchać tego, co mówi Pan Bóg".

(Ps 85,9)

 ### Zapamiętaj

Abraham jest pierwszym z patriarchów, czyli ojców wielkiego narodu – Izraela. Jego dalekim potomkiem będzie Jezus Chrystus – obiecany przez Boga Zbawiciel wszystkich ludzi.

 ### Zadanie

Napisz, w czym możesz okazać Bogu posłuszeństwo.

10 Kanaan – Ziemia Święta, darowana przez Boga

Towarzyszyliśmy Abrahamowi w jego przeprowadzce. Wreszcie zamieszkał w ziemi Kanaan, którą podarował mu Bóg. Bóg obiecał Abrahamowi również, że z jego rodziny powstanie wielki naród. Jednak obdarzył go potomstwem dopiero wtedy, gdy on i jego żona Sara byli w podeszłym wieku. Abraham miał wtedy 100 lat, a Sara 90. Syn, który im się urodził, otrzymał imię Izaak.

Szczęśliwe było życie małego Izaaka. Gdy dorósł, ożenił się z Rebeką, która urodziła bliźnięta. Nadano im imiona Ezaw i Jakub. Później Bóg zmienił Jakubowi imię na Izrael. Jakub – Izrael stał się głową rodu, a jego dwunastu synów dało początek dwunastu pokoleniom izraelskim.

Bóg Abrahama, Izaaka i Jakuba utworzył z nich naród, który miał strzec Jego słowa. Jakub dzięki swojemu oddaniu i wielkiej wierze przyczynił się do wypełnienia wielkich dzieł Boga.

Znasz różne nazwy Ojczyzny Abrahama. Najpierw była to ziemia Kanaan – mieszkali w niej Kananejczycy. Potomkowie Abrahama nazwali ją Ziemią Obiecaną, ponieważ Bóg obiecał ją Abrahamowi. Inne określenie – Izrael pochodzi od imienia patriarchy Jakuba – Izraela. Nazwano ją również Palestyną.

Ten kraj Bóg wybrał sobie do specjalnych zadań. Stanie się on kiedyś ojczyzną Bożego Syna – Jezusa. To ziemia niezwykła, bo po niej chodził Pan Jezus. Tam również umarł i zmartwychwstał, aby nas zbawić.

Bóg podarował Abrahamowi ziemię Kanaan, by tam zamieszkał i by powstał tam nowy naród – Izrael. Nam Bóg podarował naszą Ojczyznę – Polskę. W bogatej historii naszego kraju było wiele sytuacji i wydarzeń, gdy Polacy musieli toczyć bój o swoją Ojczyznę. Na szczęście nie brakło bohaterów i obrońców, którzy za cenę własnego życia walczyli o Polskę. Dla wielu z nich ta właśnie ziemia była jedyna, wybrana, najukochańsza. Dla jej dobra powinniśmy rozwijać i wykorzystywać nasze zdolności i umiejętności.

Czy wiesz, że...
Trzody owiec były bogactwem patriarchów.

Zaśpiewaj

Tyle dobrego zawdzięczam Tobie, Panie.
Wszystko, co mam, od Ciebie przecież jest.
I to, że jestem, że życie wciąż poznaję,
dziś tymi słowy wyrazić tylko chcę.

Za każdy dzień, za nocy mrok,
za radość mą, szczęśliwy rok.
Nawet za chmurne deszczowe dni
za wszystko, Panie, dziękuję Ci.

Warto wiedzieć
Ojczyzna to nie tylko kraj, w którym ktoś się urodził. Więź z Ojczyzną tworzy też wspólnota języka, religii, kultury, historii...

Zastanów się

– Jak wykorzystasz swoje talenty dla dobra swojej Ojczyzny?
– Co możesz zrobić, by być świętym Polakiem?

Zapamiętaj

Kanaan jest Ziemią Świętą, ponieważ ten kraj stanie się ojczyzną Jezusa – Bożego Syna. Właśnie tam Jezus przyszedł na świat, umarł i zmartwychwstał, by nas zbawić.

Zadanie

1. Sprawdź, jak nazywa się obecnie Ziemia Święta.
2. Napisz nazwiska Polaków, którzy zasłużyli się dla swojej Ojczyzny.
3. Napisz, kto z Polaków został ogłoszony świętym.

11 Egipt – kraina urodzaju i ziemia niewoli

Znajdujemy się w Egipcie. Ten kraj kojarzy się z piramidami, piaskiem i słońcem. Tutaj trafił Józef, gdy został sprzedany przez swoich braci. Otrzymał on w darze od Boga umiejętność tłumaczenia snów.

Władcy Egiptu, faraonowi, przyśniło się kiedyś siedem krów tłustych i ładnych, które wyszły z Nilu i zostały pożarte przez siedem krów brzydkich i chudych. Zaraz potem śniło mu się siedem dorodnych kłosów z ziarnem, które zostały pochłonięte przez siedem kłosów zboża, wyschniętych i pustych. Faraon szukał kogoś, kto by wyjaśnił te sny. Gdy wspomniano o Józefie, faraon natychmiast kazał go sprowadzić i opowiedział mu wszystko. Józef wyjaśnił, że nadejdzie siedem lat, kiedy będą obfite plony i wystarczy żywności dla wszystkich. Potem jednak przyjdzie siedem lat głodu, podczas których trudno będzie znaleźć coś do jedzenia. Trzeba więc robić zapasy i w ciągu pierwszych siedmiu lat odkładać część zboża na lata niedostatku. Faraon bardzo się ucieszył z tych wyjaśnień i mianował Józefa swoim zastępcą.

Starożytne budowle w Egipcie

Warto wiedzieć

Egipt to kraj położony nad rzeką Nil. Dolina Nilu jest niezwykle urodzajna dzięki corocznym, regularnym wylewom rzeki.

Przez siedem lat Józef gromadził żywność, której było w Egipcie pod dostatkiem, i chował ją w magazynach faraona. Kiedy zaś nadeszły lata nieurodzaju, wszyscy przychodzili do Józefa, prosząc o zboże.

Gdy bracia Józefa dowiedzieli się, że w Egipcie można kupić zboże, wybrali się tam. Obawiali się spotkania z Józefem, który jednak nie miał do nich żalu. Wiedział, że to Pan Bóg posłużył się nim, by mógł uratować od głodu swoich braci i swojego ojca. Zaprosił całą rodzinę do Egiptu. Opuścili więc ojczystą ziemię i zamieszkali w obcym kraju, daleko od krainy, którą Bóg obiecał ich przodkowi Abrahamowi.

W Egipcie z roku na rok było ich coraz więcej. Rodziły się kolejne dzieci i wkrótce powstał duży naród. Egipcjanie obawiali się, że Izraelici będą liczniejsi i zabiorą im rodzinny kraj. Dlatego cały naród Izraelski znalazł się w niewoli. W Egipcie budowano piramidy i miasta. Egipcjanie zmuszali więc Izraelitów do ciężkich prac przy wyrobie cegieł oraz różnych prac na polu.

Wśród zmęczenia i różnych cierpień na obcej ziemi Izraelici prosili Boga o pomoc.

I w swoim ucisku wołali do Pana,
a On ich uwolnił od trwogi.
I wyprowadził ich z ciemności i mroku,
a ich kajdany pokruszył.
Niech dzięki czynią Panu za Jego łaskawość,
za Jego cuda dla synów ludzkich.

(Ps 107,13-15)

Sprawdź swoją wiedzę

1. Józef znalazł się w Egipcie, ponieważ:
   a) uciekł ze swego kraju,
   b) szukał łatwiejszego życia,
   c) został sprzedany przez braci.
2. We śnie faraona były:
   a) krowy i kłosy zboża,
   b) bochenki chleba i owce,
   c) szarańcza i żaby.
3. Sen faraona zapowiadał:
   a) choroby i wojny,
   b) siedem lat pokoju,
   c) siedem lat urodzaju i siedem lat suszy.
4. Po śmierci Józefa Izraelici w Egipcie stali się:
   a) władcami całego kraju,
   b) niewolnikami,
   c) hodowcami wielbłądów.

 ## Zastanów się

– Jak często się modlisz?
– O co najczęściej prosisz Pana Boga?
– Za co mu dziękujesz?
– Na ile wytrwale modlisz się, gdy jest ci trudno?

 ## Zapamiętaj

Bóg zawsze wysłuchuje próśb człowieka i odpowiada na nie, jeśli są zgodne z Jego wolą.

 ## Zadanie

Napisz modlitwę, w której poprosisz Boga o pomoc dla kogoś, komu dzieje się krzywda.

12 | Morze Czerwone – droga ucieczki i ocalenia

Izraelici ciężko pracowali w Egipcie jako niewolnicy. Faraon nakazał też zabijać każdego izraelskiego chłopca zaraz po urodzeniu. Pewna matka, chcąc uchronić swego trzymiesięcznego syna przed śmiercią, włożyła go do skrzynki i schowała w szuwarach nad rzeką. Tam chłopca znalazła córka faraona. Postanowiła, że będzie on odtąd jakby jej własnym synem i nadała mu imię Mojżesz. Chłopiec wychowywał się na dworze faraona jak Egipcjanin. Kiedy dorósł, wybrał się pewnego dnia do swoich rodaków. Zauważył, że ciężko pracują. Gdy któregoś dnia spotkał egipskiego nadzorcę znęcającego się nad Izraelitą, rozgniewał się i zabił go. Bojąc się, że zostanie uwięziony, uciekł na pustynię i przebywał tam wiele lat.

Pewnego dnia, kiedy przebywał na pustyni, Mojżesz usłyszał głos Boga: „Dosyć napatrzyłem się na udrękę ludu mego w Egipcie. Posyłam cię do faraona, byś wyprowadził mój lud, Izraelitów, z Egiptu". Po tym wydarzeniu Mojżesz wrócił do Egiptu i udał się do faraona z prośbą, aby wypuścił lud izraelski. Faraon jednak nie chciał go słuchać, a nawet nakazał, aby Izraelici wykonywali jeszcze cięższe prace.

Wtedy Bóg zesłał na Egipt dziesięć plag. Wody Nilu zamieniły się w krew, ryby wyginęły, a ludzie umierali z pragnienia; w całym Egipcie zaroiło się od żab. Gdy żaby wyginęły, pojawiły się komary, po nich przyleciały muchy i zachorowało bydło. Faraon był nieugięty. Chociaż ziemię opanowały ciemności i wielki grad zniszczył pola, a wiele zwierząt i wielu ludzi wyginęło, faraon nie zmienił zdania. Potem nadleciała szarańcza, pożerając wszystko na swej drodze. Faraon trwał nadal w uporze. Mojżesz zapowiedział: „Pan przyjdzie nocą i sprawi, że umrą wszyscy pierworodni w całym Egipcie". Faraon jednak i tym razem zlekceważył słowa Mojżesza. Pan Bóg zesłał więc dziesiątą plagę: w nocy zginęło wszystko, co pierworodne w ziemi egipskiej, od człowieka aż do bydła.

Wtedy faraon wezwał Mojżesza i powiedział do niego: „Wstańcie i wyruszajcie". Także Egipcjanie nalegali, aby lud izraelski jak najprędzej wyszedł z kraju. Izraelici wyruszyli więc z wielkim pośpiechem. Ale gdy odeszli, faraon zaczął żałować swojej decyzji. Kazał więc zaprzęgać swoje rydwany i zabrał wojsko, by ścigać Izraelitów. Egipcjanie dopędzili ich obozujących nad Morzem Czerwonym. Izraelitów opanował wielki strach. Przed nimi było morze, a za nimi wróg.

Bóg polecił Mojżeszowi, by wyciągnął rękę nad morze. Gdy Mojżesz to uczynił:

Pan cofnął wody gwałtownym wiatrem wschodnim, który wiał przez całą noc, i uczynił morze suchą ziemią. Wody się rozstąpiły, a Izraelici szli przez środek morza po suchej ziemi, mając mur z wód po prawej i po lewej stronie. Egipcjanie ścigali ich. Wszystkie konie faraona, jego rydwany i jeźdźcy weszli za nimi w środek morza. A Pan rzekł do Mojżesza: „Wyciągnij rękę nad morze, aby wody zalały Egipcjan, ich rydwany i jeźdźców". Wyciągnął Mojżesz rękę nad morze, które o brzasku dnia wróciło na swoje miejsce. Powracające fale zatopiły rydwany i jeźdźców całego wojska faraona. Izraelici zaś szli po suchym dnie morskim, mając mur wodny po prawej i po lewej stronie. W tym to dniu wybawił Pan Izraela z rąk Egipcjan.

(Wj 14,21-23.26-30)

Zaśpiewaj

Pan jest mocą swojego ludu.
Pieśnią moją jest Pan.
Moja tarcza i moja moc,
On jest mym Bogiem,
nie jestem sam.
W Nim moja siła,
nie jestem sam.

Warto wiedzieć

Plagi egipskie – dziesięć klęsk zesłanych na Egipt przez Boga. Miały one przekonać faraona, aby zgodził się na opuszczenie Egiptu przez Izraelitów.

Zapamiętaj

Bóg powołał Mojżesza, aby wyprowadził Izraelitów z niewoli egipskiej. Dotkliwymi plagami zmusił faraona, by zgodził się na ich wyjście, a następnie cudownie przeprowadził swój lud przez Morze Czerwone. Warto zaufać Bogu, bo On ratuje ludzi nawet z największych niebezpieczeństw i wyprowadza nas z niewoli grzechu.

Zastanów się

– Jakie złe przyzwyczajenie może stać się twoją niewolą?
– Co robisz, by ustrzec się przed niewolą grzechu?
– Jak możesz pomóc kolegom, którzy nie potrafią oderwać się od telewizora, komputera, ulubionej gry?

Zadanie

1. Narysuj jedną z plag egipskich.
2. Napisz, przed jaką współczesną „plagą" powinny chronić się dzieci.

13 Przez pustynię pod Bożą opieką

Kolejny raz wybierzemy się do Ziemi Obiecanej – szliśmy już do niej razem z Abrahamem. Tym razem będziemy towarzyszyć Izraelitom, którzy dzięki pomocy Pana Boga opuścili Egipt. Ich wędrówka do Ziemi Obiecanej trwała 40 lat. Nie była łatwa, ponieważ szli przez pustynię. Musieli pokonać wiele trudności. Przeczytaj, jak skarżyli się Mojżeszowi i jakiej pomocy udzielił im Bóg.

I zaczęło szemrać na pustyni całe zgromadzenie Izraelitów przeciw Mojżeszowi: „Obyśmy pomarli z ręki Pana w ziemi egipskiej, gdzieśmy zasiadali przed garnkami mięsa i jadali chleb do syta! Wyprowadziliście nas na tę pustynię, aby głodem zamorzyć całą tę rzeszę". I przemówił Pan do Mojżesza tymi słowami: „Słyszałem szemranie Izraelitów. Powiedz im tak: O zmierzchu będziecie jeść mięso, a rano nasycicie się chlebem". Rzeczywiście wieczorem przyleciały przepiórki i pokryły obóz, a nazajutrz rano warstwa rosy leżała dokoła obozu. Gdy się warstwa rosy uniosła ku górze, wówczas na pustyni leżało coś drobnego, ziarnistego, niby szron na ziemi. Na widok tego Izraelici pytali się wzajemnie: „Co to jest?" Wtedy powiedział do nich Mojżesz: „To jest chleb, który daje wam Pan na pokarm".

(Wj 16,2-3.11-15)

To nie jedyna interwencja Boga. Gdy na pustyni wyschły źródła i lud został bez wody, znowu zaczęły się narzekania. Mojżesz modlił się do Boga i Bóg przemówił: „Mojżeszu, weź laskę i idź do skały. Następnie podnieś laskę ku niebu i rozkaż skale, by wytrysnęła z niej czysta woda". Kiedy lud otoczył skałę, Mojżesz uderzył w nią dwa razy. Woda wytrysnęła i popłynęła strumieniem. Izraelici mogli ugasić pragnienie.

Innym razem Izraelici wystąpili przeciwko Mojżeszowi i za karę w obozie zaczęły krążyć jadowite węże, śmiertelnie kąsając wielu Izraelitów. Lud kolejny raz wyraził skruchę i błagał Mojżesza o pomoc. Ten zwrócił się do Boga i otrzymał takie polecenie: „Sporządź węża i umieść go na wysokim palu; wtedy każdy, kto zostanie ukąszony i spojrzy na niego, zostanie przy życiu". Rzeczywiście tak się stało. Każdy, kto spojrzał na miedzianego węża, przeżył.

Turyści idący przez pustynię Synaj

Gdy Izraelici zwracali się do Boga w trudnościach, Bóg pomagał im przez Mojżesza. Także wokół nas są ludzie, którzy potrzebują pomocy. Twoim zadaniem jest niesienie jej w imieniu Boga.

Uczynki miłosierdzia co do ciała:
1. Głodnych nakarmić.
2. Spragnionych napoić.
3. Nagich przyodziać.
4. Podróżnych w dom przyjąć.
5. Więźniów pocieszać.
6. Chorych nawiedzać.
7. Umarłych grzebać.

Warto wiedzieć

Pustynia to obszar, gdzie panują surowe warunki klimatyczne (bardzo wysoka lub niska temperatura, mała ilość opadów deszczu), ubogi w rośliny i zwierzęta lub całkowicie ich pozbawiony.

 Zapamiętaj

Podczas swojej wędrówki do Ziemi Obiecanej Izraelici, odczuwając braki i niedostatki, narzekali na Pana Boga. On jednak nie odwracał się od nich, lecz otaczał swoją opieką i pomocą.

 Zadanie

1. Zaproponuj logo – znak graficzny wybranego uczynku miłosiernego co do ciała.
2. Dowiedz się, czy w twojej parafii lub szkole w najbliższym czasie odbywa się jakaś akcja pomocy innym (np. Góra Grosza albo organizowana przez Caritas) i weź w niej udział.

14 Synaj – góra Bożych przykazań

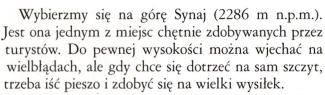

Wybierzmy się na górę Synaj (2286 m n.p.m.). Jest ona jednym z miejsc chętnie zdobywanych przez turystów. Do pewnej wysokości można wjechać na wielbłądach, ale gdy chce się dotrzeć na sam szczyt, trzeba iść pieszo i zdobyć się na wielki wysiłek.

Góra Synaj jest znana, ponieważ na niej Mojżesz otrzymał Boże przykazania. Dlatego nazywana jest Górą Mojżesza.

Spróbujmy teraz przenieść się na tę górę i wraz z Mojżeszem stanąć przed Bogiem. Co się tam wydarzyło? Gdy Izraelici rozbili obóz naprzeciw góry Synaj, Pan zstąpił na górę, na jej szczyt i wezwał Mojżesza.

> Wtedy wypowiedział Bóg wszystkie te słowa: „Ja jestem Pan, Bóg twój, który cię wyprowadził z ziemi egipskiej, z domu niewoli.
>
> Nie będziesz miał cudzych bogów obok Mnie!
> Nie będziesz wzywał imienia Pana, Boga twego, w błahych rzeczach.
> Pamiętaj o dniu szabatu, aby go uświęcić.
> Czcij twego ojca i twoją matkę, abyś długo żył na ziemi, którą Pan, Bóg twój, ci daje.
> Nie będziesz zabijał.
> Nie będziesz cudzołożył.
> Nie będziesz kradł.
> Nie będziesz mówił przeciw bliźniemu twemu kłamstwa jako świadek.
> Nie będziesz pożądał domu twojego bliźniego. Nie będziesz pożądał żony bliźniego twego".
>
> (Wj 20,1-3.7-8.12-17)

Mojżesz wrócił i oznajmił to wszystko ludowi, a wtedy lud jednogłośnie zdecydował: „Uczynimy wszystko, co Pan nakazał". Ludzie obiecali, że będą postępować według nauki Boga – dziesięciu przykazań spisanych na dwóch kamiennych tablicach. W ten sposób Bóg zawarł z ludem izraelskim przymierze, układ przyjaźni.

Wyjaśnienie Dziesięciu przykazań
1. Wierzę w Boga i oddaję Mu cześć.
2. Z szacunkiem wymawiam Imię Boga.
3. W niedziele i święta uczestniczę we Mszy Świętej i odpoczywam.
4. Kocham i szanuję swoich rodziców.
5. Troszczę się o życie oraz zdrowie własne i innych.
6. Zachowuję czystość myśli, słów i czynów.
7. Dbam o własność cudzą, wspólną i swoją.
8. Mówię prawdę.
9. Dbam o miłość moich rodziców.
10. Dzielę się z innymi.

Warto wiedzieć

Synaj – nazwa góry, na której Mojżesz otrzymał od Boga przykazania.

Czy wiesz, że...

Dekalog to wyraz, który pochodzi z języka greckiego i znaczy dosłownie „dziesięć słów".

Zastanów się

Bóg jest przewodnikiem, którego potrzebujesz, by bezpiecznie iść do nieba. On pragnie twojego szczęścia. Możesz je osiągnąć postępując zgodnie z Jego wolą, zapisaną w Dziesięciu przykazaniach.

Zapamiętaj

Dziesięć przykazań, czyli Dekalog, to zasady życia, które dostaliśmy od Boga, aby cieszyć się pokojem serca i bezpieczeństwem. One nakazują, aby czynić dobro, a unikać zła. Bóg obiecał ludziom, że jeśli będą żyli według przykazań, da im swoją łaskę i błogosławieństwo.

Zadanie

1. Ułóż własną modlitwę, w której poprosisz Boga o pomoc w realizacji wybranej dobrej postawy.
2. Narysuj tablice z przykazaniami. Włącz przykazania do swojej codziennej modlitwy.

15 Namiot Spotkania – miejsce szczególnej bliskości Boga

Wraz z Mojżeszem i całym ludem Izraela jesteśmy pod górą Synaj. Pośród wielu namiotów stoi jeden szczególny, zbudowany według specjalnej Bożej instrukcji. Teren wokół niego jest ogrodzony. To miejsce najważniejsze dla całego ludu. Jakie jest jego przeznaczenie? Przeczytaj fragment Biblii, który to wyjaśnia:

Mojżesz zaś wziął namiot i rozbił go za obozem, i nazwał go Namiotem Spotkania. A ktokolwiek chciał się zwrócić do Pana, szedł do Namiotu Spotkania, który był poza obozem. Ile zaś razy Mojżesz szedł do namiotu, cały lud stawał u wejścia do swych namiotów i patrzał na Mojżesza, aż wszedł do namiotu. Ile zaś razy Mojżesz wszedł do namiotu, zstępował słup obłoku i stawał u wejścia do namiotu, i wtedy Pan rozmawiał z Mojżeszem. Cały lud stawał i każdy oddawał pokłon u wejścia do swego namiotu. A Pan rozmawiał z Mojżeszem twarzą w twarz, jak się rozmawia z przyjacielem. Mojżesz rzekł znów do Pana: „Jeśli darzysz mnie życzliwością, daj mi poznać Twoje zamiary, abym poznał, żeś mi łaskaw. Zważ także, iż ten naród jest Twoim ludem". Pan odpowiedział Mojżeszowi: „Uczynię to, o co prosisz, ponieważ jestem ci łaskaw, a znam cię po imieniu".

(Wj 33,7-9,10b-11a.12a.13.17)

Z pewnością już się domyślasz, że ten wyjątkowy namiot pełnił rolę świątyni. Tak, to była przenośna świątynia, wznoszona na pustyni podczas wędrówki Izraelitów do Ziemi Obiecanej.

Częstym tematem rozmów, jakie Mojżesz prowadził z Bogiem, była niewierność ludu. Izraelici mieli bowiem problemy z zachowywaniem przykazań, które otrzymali od Boga. Jeszcze wtedy, gdy Mojżesz przebywał na górze Synaj, ciężko zgrzeszyli, oddając cześć złotemu cielcowi. Gdy

Mojżesz dowiedział się o tym, rozgniewany potłukł tablice z przykazaniami. Później gorąco prosił Boga, by przebaczył ludowi tę niewierność. Następnie, zgodnie z Bożym poleceniem, wykuł Dziesięć przykazań na nowych tablicach. Złożono je w pozłacanej skrzyni z uchwytami do przenoszenia, którą nazwano Arką Przymierza. Była to największa świętość i znak obecności Boga. Przypominała o przymierzu, czyli umowie Boga z ludem. Stawiano ją w Namiocie Spotkania, zwanym też Przybytkiem Pańskim, w miejscu, które nazwano najświętszym, oddzielonym pięknie haftowaną zasłoną z postaciami aniołów.

Na zewnątrz Przybytku o obecności Boga świadczyły unoszący się słup obłoku w dzień i słup ognia w nocy. Dzięki temu Izraelici byli pewni, że Bóg ich nie opuścił, że przebaczył im winy i że zawsze mogą liczyć na Jego opiekę i pomoc.

Warto wiedzieć

Arka Przymierza – była to złocona skrzynia, w której Izraelici przechowywali tablice z Dekalogiem.

Zastanów się

– O czym najczęściej rozmawiasz z Bogiem?
– Które miejsca możesz nazwać twoim „namiotem spotkania"?
– W jaki sposób przygotowujesz się do sakramentu pokuty i pojednania?

Zaśpiewaj

Przepraszam Cię, Boże, skrzywdzony w człowieku,
przepraszam dziś wszystkich was.
Żałuję za wszystko, to moja wina jest.

Zapamiętaj

Namiot Spotkania, czyli Przybytek Pański, był przenośną świątynią w obozie Izraelitów podczas ich wędrówki przez pustynię do Ziemi Obiecanej. W nim Mojżesz rozmawiał z Bogiem i prosił Go o przebaczenie.

Zadanie

Przygotuj swój własny „namiot spotkania", czyli kącik modlitwy w domu.

16 Cmentarz
– miejsce pamięci i modlitwy

Cmentarz jest często nazywany miastem zmarłych. W grobowcach lub zwykłych mogiłach spoczywają ciała naszych bliższych i dalszych przodków. Ludzie ci pozostawili na ziemi wszystko, co mieli. Jednak ich cząstka żyje ciągle w nas. Słyszymy czasami, że ktoś, oglądając na przykład stare zdjęcia, spostrzega nasze podobieństwo do dziadków lub nawet do bardziej odległych przodków. Odziedziczyliśmy po nich nie tylko wygląd, ale też charakter i zdolności. To również dzięki nim z pokolenia na pokolenie przekazywana jest wiara w Boga. Ból po stracie najbliższych staje się mniejszy, kiedy uświadomimy sobie, że kochane przez nas osoby żyją nadal. Bóg przygotował dla wszystkich wspaniałe miejsce w niebie.

> Będziemy mieli mieszkanie od Boga,
> dom nie ręką uczyniony,
> lecz wiecznie trwały w niebie.
>
> (2 Kor 5,1)

Warto wiedzieć

Sąd Boży – sprawiedliwy sąd po śmierci człowieka, decyduje o jego zbawieniu lub potępieniu.

Niebo – wieczna nagroda, szczęśliwe życie z Bogiem.

Piekło – wieczna kara za grzechy, rozpacz z powodu utraty Boga.

Czyściec – dokończenie pokuty po śmierci, oczyszczające cierpienie na drodze do nieba.

Na Sądzie Bożym okaże się, kto może wejść do nieba, a kto zasłużył na karę piekła, czyli wieczne cierpienie. Żeby spotkać się z Bogiem w niebie, dusze zmarłych potrzebują oczyszczenia. Cierpią w czyśćcu, ale mają pewność, że to cierpienie się skończy. Tylko my, tu na ziemi, możemy tym duszom pomóc i skrócić czas ich cierpienia, by szybciej mogły się cieszyć wiecznym szczęściem w niebie.

1 listopada Kościół wspomina wszystkich mieszkańców nieba i prosi ich o wstawiennictwo do Boga.

2 listopada przypada wspomnienie Wszystkich Wiernych Zmarłych (Dzień Zaduszny).

Czy wiesz, że...

Słowo „cmentarz" pochodzi od greckiego *koimeterion*, co znaczy „miejsce spoczynku".

Zapalając znicze i składając wiązanki kwiatów na grobach bliskich, nie możemy zapomnieć o modlitwie w ich intencji. Mamy nadzieję, że kiedyś się zobaczymy i będziemy razem z nimi cieszyć się wiecznym życiem razem z aniołami i świętymi w niebie.

Skorzystaj z sakramentu pokuty i przyjmij Komunię Świętą w intencji dusz cierpiących w czyśćcu. Odwiedź na cmentarzu groby swoich bliskich i pomódl się za ich dusze. Pamiętaj o odpowiednim zachowaniu się w tym miejscu – ciszy, skupieniu, zadumie.

 ## Módl się

Wieczny odpoczynek racz im dać Panie, a światłość wiekuista niechaj im świeci. Niech odpoczywają w pokoju wiecznym. Amen.

 ## Zastanów się

– Co zawdzięczasz swoim przodkom?
– W jaki sposób zachowujesz pamięć o nich?
– W jaki sposób pomagasz zmarłym dostać się do nieba?

 ## Zapamiętaj

1 listopada – Uroczystość Wszystkich Świętych to dzień radości zbawionych w niebie.
2 listopada – Wspomnienie Wszystkich Wiernych Zmarłych (Dzień Zaduszny) to dzień modlitwy za dusze pokutujące w czyśćcu.

 ## Zadanie

1. Dowiedz się, kim były osoby, których groby odwiedziłeś na cmentarzu.
2. Napisz w kilku zdaniach, jak wykorzystujesz i pomnażasz to, co przejąłeś po swoich przodkach (dar życia, wiarę, zdolności, dobra materialne, mowę polską...).

17 | Grób Nieznanego Żołnierza – miejsce wdzięczności bohaterom

Kraj, w którym żyjesz, to Polska. O czym myślisz, gdy słyszysz tę nazwę?

Polska to piękne miejsca, ciekawe miasta, interesujące odkrycia, ale to również nasza historia. To ludzie, którzy walczyli o jej wolność, bronili jej przed wrogami, aż do oddania życia. To właśnie im poświęcone są pamiątkowe tablice i pomniki. Nie znamy nazwisk wszystkich, którzy zginęli, walcząc o niepodległość naszej Ojczyzny, dlatego wyznaczono specjalne miejsce, gdzie możemy podziękować im za ofiarę życia. To Grób Nieznanego Żołnierza. Znajduje się on w Warszawie przy Placu Piłsudskiego. Przez cały czas pełnią przy nim wartę żołnierze i pali się znicz upamiętniający poświęcenie tych, którzy oddali życie za Ojczyznę.

Grób Nieznanego Żołnierza

Wojna to czas, gdy wolność Ojczyzny i bezpieczeństwo bliskich są zagrożone. Wtedy ci, którzy są odważni, bronią bezpieczeństwa innych. Nazywamy ich bohaterami. W czasie II wojny światowej bohaterami stali się także młodzi ludzie, niewiele starsi od ciebie. Harcerze utworzyli organizację o nazwie Szare Szeregi. Roznosili pocztę, opiekowali się rannymi, a najstarsi z nich podejmowali walkę zbrojną z wrogiem.

Czasem szczególnym dla harcerzy było Powstanie Warszawskie, które rozpoczęło się 1 sierpnia 1944 r. Bardzo wielu z nich poświęciło wtedy swoje życie w obronie stolicy i Polski. Najmłodszych bohaterów tamtych czasów upamiętnia Pomnik Małego Powstańca.

Prawo Harcerskie
1. Harcerz służy Bogu i Polsce i sumiennie spełnia swoje obowiązki.
2. Na słowie harcerza polegaj jak na Zawiszy.
3. Harcerz jest pożyteczny i niesie pomoc bliźnim.
4. Harcerz w każdym widzi bliźniego, a za brata uważa każdego innego harcerza.
5. Harcerz postępuje po rycersku.
6. Harcerz miłuje przyrodę i stara się ją poznać.
7. Harcerz jest karny i posłuszny rodzicom i wszystkim swoim przełożonym.
8. Harcerz jest zawsze pogodny.
9. Harcerz jest oszczędny i ofiarny.
10. Harcerz jest czysty w myśli, mowie i uczynkach, nie pali tytoniu i nie pije napojów alkoholowych.

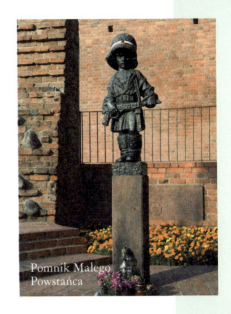

Pomnik Małego Powstańca

 Zaśpiewaj

Boże, coś Polskę przez tak liczne wieki
otaczał blaskiem potęgi i chwały,
coś ją osłaniał tarczą swej opieki
od nieszczęść, które pognębić ją miały!
Przed Twe ołtarze zanosim błaganie:
Ojczyznę wolną pobłogosław, Panie!

Warto wiedzieć

Ojczyzna – kraj pochodzenia przodków (rodziców, dziadków...), ziemia ojców, z którą czujemy się szczególnie związani.

 Zastanów się

– Jakie są twoje obowiązki wobec Ojczyzny?
– Jak okazujesz szacunek bohaterom narodowym?

 Zapamiętaj

Kto ojczyźnie swej służy, sam sobie służy.
(ks. Piotr Skarga)

 Zadanie

1. Pomódl się za tych, którzy oddali życie za wolność Polski.
2. Napisz, gdzie w okolicy znajdują się miejsca pamięci o bohaterskich Polakach.

18 Sąd Boży – gmach sprawiedliwości (Uroczystość Chrystusa Króla)

Dobrze jest żyć w zgodzie ze wszystkimi. Ale jeśli brat czy koleżanka nie chcą ci przyznać racji, choć uważasz, że się nie mylisz – co wtedy? W takich sytuacjach czasem trudno dojść do porozumienia. Zdarza się, że spór rodzeństwa muszą rozstrzygać rodzice, a w spór szkolnych kolegów włącza się wychowawca lub czasem nawet dyrekcja. Poważne spory dorosłych rozstrzyga sąd i ten, kto przegra rozprawę sądową, musi ponieść jej koszty. Jeśli popełnił przestępstwo, zostaje ukarany.

Czy może spotkać cię sprawiedliwa kara za coś, czego nie zrobiłeś? Ewangelia mówi o takiej możliwości:

Gdy Syn Człowieczy przyjdzie w swej chwale, zgromadzą się przed Nim wszystkie narody, a On odezwie się do tych po prawej stronie: „Pójdźcie, błogosławieni u Ojca mojego, weźcie w posiadanie królestwo, przygotowane wam od założenia świata!

Bo byłem głodny, a daliście Mi jeść; byłem spragniony, a daliście Mi pić; byłem przybyszem, a przyjęliście Mnie; byłem nagi, a przyodzialiście Mnie; byłem chory, a odwiedziliście Mnie; byłem w więzieniu, a przyszliście do Mnie".

Wówczas zapytają sprawiedliwi: „Panie, kiedy widzieliśmy Cię głodnym i nakarmiliśmy Ciebie? Albo spragnionym i daliśmy Ci pić?" A Król im odpowie: „Zaprawdę, powiadam wam: Wszystko, co uczyniliście jednemu z tych braci moich najmniejszych, Mnieście uczynili".

Wtedy odezwie się i do tych po lewej stronie: „Idźcie precz ode Mnie, przeklęci, w ogień wieczny, przygotowany diabłu i jego aniołom!

Bo byłem głodny, a nie daliście Mi jeść; byłem spragniony, a nie daliście Mi pić; byłem przybyszem, a nie przyjęliście Mnie; byłem nagi, a nie przyodzialiście Mnie; byłem chory i w więzieniu, a nie odwiedziliście Mnie".

Wówczas zapytają i ci: „Panie, kiedy widzieliśmy Cię głodnym albo spragnionym, albo przybyszem, albo nagim, kiedy chorym albo w więzieniu, a nie usłużyliśmy Tobie?" Wtedy odpowie im: „Zaprawdę, powiadam wam: Wszystko, czego nie uczyniliście jednemu z tych najmniejszych, tegoście i Mnie nie uczynili". I pójdą ci na wieczną karę, sprawiedliwi zaś do życia wiecznego.

(Mt 25,31-32.34-37.40-46)

Na tym właśnie będzie polegał sąd Boży. Każde dobro zostanie nagrodzone, a zło ukarane. Jednak złem jest również zaniechanie dobra. Sprawiedliwy jest ten, kto nie przechodzi obojętnie obok człowieka będącego w potrzebie. Chrześcijanin potrafi w potrzebującym rozpoznać Pana Jezusa i to przynagla go do niesienia innym pomocy. Takiej postawy Chrystus oczekuje od ciebie.

Módl się

Spowiadam się Bogu wszechmogącemu i wam, bracia i siostry, że bardzo zgrzeszyłem myślą, mową, uczynkiem i zaniedbaniem: moja wina, moja wina, moja bardzo wielka wina.

Zastanów się

– Ile okazji do czynienia dobra miałeś dzisiaj, wczoraj, w ciągu minionego tygodnia?
– Kto może liczyć na twój życzliwy uśmiech, przyjazne słowo, pomocną dłoń?
– W jaki sposób najchętniej pomagasz bliźnim?

Zapamiętaj

Słowa Pana Jezusa:
„Zaprawdę, powiadam wam: Wszystko, co uczyniliście jednemu z tych braci moich najmniejszych, Mnieście uczynili".

Zadanie

1. Przepisz do zeszytu uczynki miłosierdzia co do ciała (znajdziesz je przy katechezie 13.). Naucz się ich na pamięć.
2. Narysuj lub opisz czyn miłosierdzia, który uda ci się spełnić do następnej katechezy.

19 Otwarte niebiosa — adwentowe wołanie

Pierwsi ludzie przez grzech odwrócili się od Boga, ale Bóg nie przestał ich kochać i już w raju obiecał, że ześle Zbawiciela. Od tego czasu ludzie czekali na Niego i prosili w modlitwach, by Bóg posłał Go na ziemię. Prorok Izajasz tak wołał do Boga:

> Ty, Panie, jesteś naszym Ojcem,
> Odkupiciel nasz – to Twoje imię odwieczne.
> Obyś rozdarł niebiosa i zstąpił.
> Obyś wychodził naprzeciw tym, co radośnie pełnią sprawiedliwość
> i pamiętają o Twych drogach.
> Oto Ty zawrzałeś gniewem, bo grzeszyliśmy
> przeciw Tobie od dawna.
> Ty jesteś naszym Ojcem.
> My jesteśmy gliną, a Ty naszym Twórcą.
> Wszyscy jesteśmy dziełem rąk Twoich.
>
> (Iz 63,16b.19b; 64,4.7)

Bóg wysłuchał wołania swego ludu – niebiosa zostały otwarte, Jezus zstąpił na ziemię i zaczął działać pośród ludzi. Przypomina nam o tym okres Adwentu, w którym razem z prorokiem wołamy, aby Jezus do nas przybył. To czas radosnego oczekiwania na przyjście Jezusa – Zbawiciela. On, odpowiadając na nasze wołanie, nieustannie przychodzi do naszych serc. W jaki sposób trzeba przeżyć ten czas, aby przygotować swoje serce na przyjście Zbawiciela?

Adwent przypomina nam, że powinniśmy prostować ścieżki swego życia. Możemy wyjść naprzeciw przychodzącemu Zbawicielowi, zrywając z grzechem, nawracając się. Jeśli pozwolimy Bogu, aby działał w naszym życiu, będzie nas przemieniał swoim dotykiem. Staniemy się jakby kawałkiem gliny w Jego dłoniach, którą On będzie odpowiednio kształtował. Od nas zależy, czy tej szansy nie zmarnujemy. Czas Adwentu powinien być wołaniem słowami proroka Izajasza, aby Jezus przyszedł do nas, bo bardzo potrzebujemy Jego obecności. Nie wiemy, kiedy do nas przyjdzie, dlatego nie tylko w Adwencie, ale w każdej chwili swego życia mamy wychodzić naprzeciw Bogu i zmierzać do Niego prostą drogą.

Czy wiesz, że...

Słowo „adwent" pochodzi z języka łacińskiego i oznacza „przyjście, przybycie".

Zaśpiewaj

Dotknij, Panie, moich oczu, abym przejrzał!
Dotknij, Panie, moich warg, abym przemówił – uwielbieniem!
Dotknij, Panie, mego serca i oczyść je!
Niech Twój Święty Duch dziś ogarnia mnie!

Zastanów się

– Czy pozwalasz Bogu, aby działał w twoim życiu?
– Czy chcesz przemieniać swoje serce i stawać się coraz lepszym?

Zapamiętaj

Jezus zstąpił na ziemię i zaczął działać pośród ludzi. Przypomina nam o tym okres Adwentu, w którym razem z prorokiem wołamy, aby Jezus do nas przybył, a On, odpowiadając na nasze wołanie, nieustannie przychodzi do naszych serc.

Zadanie

Przez cały Adwent buduj swoją drogę do Jezusa. Zaznaczaj na niej udział w roratach (świeczką), codzienną modlitwę (krzyżykiem), dobre uczynki (sercem). Na końcu drogi wklej obrazek z Dzieciątkiem, a na jego odwrocie zapisz swoje postanowienie adwentowe.

Sprawdź swoją wiedzę

1. Pan Bóg wezwał Abrama, aby:
   a) wyruszył z ziemi rodzinnej do kraju, który Bóg mu wskaże,
   b) zbudował Bogu świątynię,
   c) wykopał studnię na pustyni.

2. Kraina, którą Bóg podarował Abrahamowi, to:
   a) Pomorze,
   b) Tatry,
   c) Kanaan.

3. W Egipcie Izraelici stali się:
   a) niewolnikami,
   b) władcami Egiptu,
   c) przyjaciółmi Egipcjan.

4. Bóg przeprowadził Izraelitów uciekających z Egiptu przez:
   a) Nil,
   b) Morze Czerwone,
   c) góry.

5. Izraelici podczas wędrówki przez pustynię:
   a) szukali dużej oazy,
   b) w trudnościach prosili o pomoc Boga i On im pomagał,
   c) często odpoczywali.

6. Mojżesz otrzymał Boże przykazania na górze:
   a) Kalwarii,   b) Synaj,   c) Tabor.

7. W Namiocie Spotkania znajdowała się:
   a) skrzynia z kosztownościami Izraelitów,
   b) laska, którą Mojżesz uderzył w skałę, wyprowadzając z niej wodę,
   c) Arka Przymierza.

8. Przy grobach bliskich zmarłych najważniejsze jest, by:
   a) pomodlić się w intencji zmarłych,
   b) ładnie ułożyć kwiaty,
   c) osłonić znicze przed wiatrem.

9. Narodowym bohaterom, których nazwisk nie znamy, dziękujemy za ofiarę życia:
   a) przed syrenką warszawską,
   b) przy Grobie Nieznanego Żołnierza,
   c) w Pałacu Kultury i Nauki.

10. Jezus powiedział, że wszystko, co uczyniliśmy drugiemu człowiekowi:
    a) jest mało ważne,
    b) powróci do nas,
    c) uczyniliśmy Jemu samemu.

11. Czas, kiedy szczególnie wołamy, aby Jezus przybył na ziemię, to:
    a) Święto Niepodległości,
    b) Adwent,
    c) Boże Narodzenie.

III
Ziemia Bożej obietnicy

W moim sercu mieszka Bóg,
a Jego flagą radość jest.
Poniosę flagę wysoko, wysoko,
niech pozna, pozna cały świat.
Niech wszyscy ludzie zobaczą, zobaczą,
niech pozna, pozna cały świat.

20 | Jordan – ostatnia przeszkoda w drodze do celu

Po długiej drodze przez pustynię lud doszedł w końcu do celu swej wędrówki. Pozostało tylko przejść przez rzekę Jordan, która oddzielała Izraelitów od Ziemi Obiecanej. Jordan był głęboki, a woda płynęła rwącym nurtem. Przejście rzeki było poważnym problemem. Izraelici widzieli kraj ojców, ale nie mogli się do niego przedostać.

Po śmierci Mojżesza przywódcą ludu izraelskiego został Jozue. To właśnie jemu Bóg powiedział, jak Izraelici mają przeprawić się przez Jordan i wejść do Ziemi Obiecanej. Jozue, posłuszny Bogu, poprowadził dalej Naród Wybrany.

> Gdy więc lud wyruszył ze swoich namiotów, by przeprawić się przez Jordan, kapłani niosący Arkę Przymierza szli na czele ludu. Zaledwie niosący arkę przyszli nad Jordan, a nogi kapłanów niosących arkę zanurzyły się w wodzie przybrzeżnej, zatrzymały się wody płynące z góry i utworzyły jakby jeden wał na znacznej przestrzeni, podczas gdy wody spływające do morza oddzieliły się zupełnie, a lud przechodził naprzeciw Jerycha. Kapłani niosący Arkę Przymierza Pańskiego stali mocno na suchym łożysku w środku Jordanu, a tymczasem cały Izrael szedł po suchej ziemi, aż wreszcie cały naród skończył przeprawę przez Jordan.
>
> (Joz 3,14-17)

Arka niesiona przez kapłanów, była znakiem obecności Boga, który zawarł przymierze ze swym ludem. To On sprawił, że wody Jordanu zatrzymały się, a lud przeszedł po suchym dnie. Coś podobnego zdarzyło się także wtedy, gdy Izraelici uciekali z Egiptu i Morze Czerwone rozstąpiło się przed nimi, aby mogli przejść przez nie suchą nogą i umknąć przed pościgiem Egipcjan. Dzięki temu zrozumieli, że podobnie jak niegdyś Bóg wybawił ich z niewoli egipskiej, tak teraz pomaga im zdobyć Kanaan.

Trudne sytuacje zdarzają się także nam. Jeżeli ufamy Bogu, On zawsze przychodzi nam z pomocą w tym, co jest zgodne z Jego wolą. Często robi to przez innych ludzi, dlatego nie zawsze dostrzegamy Bożą interwencję. Wydaje się nam, że to tylko zasługa ludzi.

 Zastanów się

– Kogo pytasz o radę, zanim podejmiesz ważną decyzję?
– Czy prosisz Boga o pomoc, gdy masz przed sobą trudne zadanie?

 Zapamiętaj

Dzięki cudownej pomocy Boga naród Izraelski pokonał rzekę Jordan, przechodząc przez nią suchą stopą. W ten sposób spełniła się Boża obietnica – Izraelici weszli do Ziemi Obiecanej. Jeżeli ufamy Bogu, On zawsze przychodzi nam z pomocą w tym, co jest zgodne z Jego wolą.

 Zadanie

1. Wypisz imiona ludzi, przez których Bóg pomógł ci w ostatnim czasie.
2. Narysuj naród izraelski pokonujący rzekę Jordan.

21 | Jerycho – miasto zdobyte Bożym sposobem

Wraz z Narodem Wybranym przeszliśmy przez rzekę Jordan i dotarliśmy do Ziemi Obiecanej.

Przed nami Jerycho – miasto, które musimy zdobyć, aby móc się w nim osiedlić. Niestety, jest ono otoczone potężnymi murami zbudowanymi z kamieni i niewypalonej cegły. Mają kilka metrów szerokości oraz 8 do 10 metrów wysokości. Wyobraź sobie, jak są wielkie. Aby wkroczyć do miasta i je zająć, należy najpierw zburzyć mury.

Miasta palestyńskie były doskonale zabezpieczone przed atakami z zewnątrz. Każde z nich miało króla, wojsko i odpowiednią broń. Izraelici nie posiadali tak wielu żołnierzy ani doskonałej broni, dlatego zdobycie takiego miasta własnymi siłami było niemożliwe.

Jerycho było silnie umocnione i zamknięte przed Izraelitami. I rzekł Pan do Jozuego: „Spójrz, Ja daję w twoje ręce Jerycho wraz z jego królem i dzielnymi wojownikami. Wy wszyscy, uzbrojeni mężowie, będziecie okrążali miasto codziennie jeden raz. Uczynisz tak przez sześć dni. Siedmiu kapłanów niech niesie przed Arką siedem trąb z rogów baranich. Siódmego dnia okrążycie miasto siedmiokrotnie, a kapłani zagrają na trąbach".

I tak Arka Pańska okrążyła miasto dokoła jeden raz, po czym wrócono do obozu i spędzono tam noc. Jozue wstał wcześnie rano, kapłani wzięli Arkę Pańską, a siedmiu kapłanów niosących siedem trąb z rogów baranich szło przed Arką Pańską, grając bez przerwy na trąbach w czasie marszu. Zbrojni wojownicy szli przed nimi, a tylna straż szła za Arką Pańską i posuwano się przy dźwięku trąb. I tak okrążyli miasto drugiego dnia jeden raz, po czym wrócili do obozu. Przez sześć dni codziennie tak czynili.

Siódmego dnia wstali rano wraz z zorzą poranną i okrążyli miasto siedmiokrotnie w ustalony sposób; tylko tego dnia okrążyli miasto siedem razy. Gdy kapłani za siódmym razem zagrali na trąbach, Jozue zawołał do ludu: „Wznieście okrzyk wojenny, albowiem Pan wydaje wam miasto!"

Skoro tylko lud usłyszał dźwięk trąb, wzniósł gromki okrzyk wojenny i mury rozpadły się na miejscu.

(Joz 6,1-4.11-16.20)

Jerycho było pierwszym miastem, które zdobyli Izraelici. Później zajmowali kolejne miasta, aż w końcu w ich rękach znalazła się cała Ziemia Obiecana – Kanaan.

W zdobywaniu naszej ziemi obiecanej, czyli nieba, przeszkadzają nam duchowe mury, których sami nie jesteśmy w stanie zburzyć. To mury grzechu. Budujemy je przez złość, egoizm i inne wady, które utrudniają nam życie w przyjaźni z Bogiem i ludźmi. Sprawiają one, że zaczynamy wątpić, czy zdołamy osiągnąć niebo.

Te duchowe mury możemy zburzyć tylko wtedy, gdy postępujemy zgodnie ze wskazaniami Pana Boga i tylko z Jego pomocą. Bożym sposobem na burzenie murów grzechu jest wytrwałe czynienie dobra i systematyczne przystępowanie do sakramentów – spowiedzi i Komunii Świętej.

Warto wiedzieć

Wady – złe cechy charakteru, duchowe mury, utrudniające przyjazny kontakt z Bogiem i innymi ludźmi.

 ## Zastanów się

– Jakie wady są murem w twoim sercu i przeszkadzają ci żyć w przyjaźni z Bogiem i ludźmi?
– Co robisz, aby zburzyć te duchowe mury?
– Jak często prosisz Boga o pomoc?

 ## Zapamiętaj

Dobre uczynki, wytrwała modlitwa, zgadzanie się z wolą Boga, umiejętność wybaczania i łaska Boża płynąca z sakramentów – to sposoby na burzenie duchowych murów.

 ## Zadanie

Ułóż rebus, którego rozwiązaniem będzie słowo „Jerycho".

22 | Jerozolima — królewska stolica

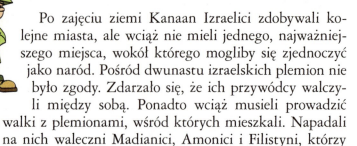

Po zajęciu ziemi Kanaan Izraelici zdobywali kolejne miasta, ale wciąż nie mieli jednego, najważniejszego miejsca, wokół którego mogliby się zjednoczyć jako naród. Pośród dwunastu izraelskich plemion nie było zgody. Zdarzało się, że ich przywódcy walczyli między sobą. Ponadto wciąż musieli prowadzić walki z plemionami, wśród których mieszkali. Napadali na nich waleczni Madianici, Amonici i Filistyni, którzy zwyciężając w bitwach, okrutnie obchodzili się z pokonanymi. Izraelici przegrywali, gdy zapominali o Bogu, gdy stawiali posągi obcym bóstwom i oddawali im cześć. Bóg karał niewierność swego ludu uciskiem ze strony sąsiednich narodów. Wystarczyło jednak, że Izraelici się nawracali, przepraszali za swój grzech i prosili o przebaczenie, a Bóg okazywał im łaskę. Wyznaczał mądrych i wiernych sobie przywódców, którzy prowadzili Naród Wybrany do zwycięstwa. Przypominali, że Bóg jest jedynym Panem i władcą nad Izraelem, że Jemu cały lud ma oddawać cześć i słuchać Jego nakazów, by cieszyć się pokojem i Bożym błogosławieństwem.

Takim właśnie przywódcą był Dawid, król wybrany przez Boga. Jego zadaniem było kierowanie w Bożym imieniu całym ludem Izraela. Dawid był władcą posłusznym Bogu. Z Jego pomocą pokonał wrogów i zjednoczył cały kraj. Zdobył Jerozolimę, która najdłużej pozostawała pod władaniem kananejskich plemion. Uczynił z niej stolicę swego królestwa, nazywając ją Miastem Dawidowym, i w uroczystym pochodzie wprowadził do niej Arkę Przymierza. Oznaczało to, że Bóg jest najwyższym i jedynym władcą Izraela, a król wiernym sługą, pełniącym Jego wolę.

Poszedł więc Dawid i sprowadził z wielką radością Arkę Bożą do Miasta Dawidowego. Dawid wtedy tańczył z całym zapałem w obecności Pana.

Wraz z całym domem izraelskim prowadził Arkę Pańską wśród radosnych okrzyków i grania na rogach.

Przyniesioną Arkę Pańską ustawiono na przeznaczonym na to miejscu w środku namiotu, który rozpiął dla niej Dawid, po czym Dawid złożył przed Panem całopalenia i ofiary biesiadne.

(2 Sm 6,12b.14-15.17)

Od dnia chrztu świętego twoje serce stało się Bożą stolicą, a w dniu Pierwszej Komunii Świętej do twego serca uroczyście wprowadził się Chrystus. Przypomnij sobie radość tamtego dnia, śpiewane pieśni, postanowienia i składane obietnice. Chrystus, którego zaprosiłeś i przyjąłeś, chce panować w całym twoim życiu, chce ci błogosławić, byś radośnie pełnił Jego wolę.

Zastanów się

– W jaki sposób dziękujesz Bogu za to, że zamieszkał w twoim sercu?
– Jak często przystępujesz do Komunii Świętej?
– Jak okazujesz radość z powodu bliskości Boga, którego zapraszasz do serca?
– W jaki sposób wypełniasz wolę Boga zawartą w przykazaniach?

Zaśpiewaj

Gdy Boży Duch ogarnia mnie,
jak Dawid tańczyć chcę.

Gdy Boży Duch ogarnia mnie,
jak Dawid śpiewać chcę.

Warto wiedzieć

Stolica – najważniejsze miasto, siedziba władz państwowych (stolica państwa) lub wojewódzkich (stolica województwa).

Zapamiętaj

Bóg chce panować w twoim sercu. Rozmawiaj z Nim o wszystkim, co jest dla ciebie ważne. Pytaj Go, jak postępować, by wypełniać Jego wolę.

Zadanie

Narysuj serce, a w nim królewski tron dla Boga, któremu oddajesz panowanie nad całym twoim życiem.

23 Świątynia – mieszkanie Boga

Ludzie budują kościoły, sanktuaria, kapliczki, aby oddać Bogu chwałę. To miejsca kultu, które pomagają nam dobrze przeżywać spotkania z Bogiem.

Do tej pory Izraelici nie mieli świątyni. Oddawali Bogu cześć w Namiocie Spotkania. Przychodzili tam, by powierzać Bogu swoje kłopoty, prosić o opiekę czy ochronę przed wrogami. Bóg pozwolił na wybudowanie świątyni królowi Salomonowi.

Salomon rozpoczął budowę domu dla Pana w czwartym roku swojego panowania nad Izraelem. Świątynię wzniesiono na planie prostokąta. Była długa na 30 m, wysoka na 15 m i szeroka na 10 m. Z przodu znajdował się przedsionek, a wewnątrz dwie sale. W pierwszej był ołtarz, na którym dzień i noc płonęły kadzidła. W drugiej, nazywanej Miejscem Najświętszym, w całkowitej ciemności stała Arka Przymierza. Strzegły jej figury dwóch aniołów o rozłożystych skrzydłach. Znajdowały się w niej tablice z przykazaniami Bożymi. Świątynia cała była zbudowana z kamieni, a jej wnętrze pokrywało cenne drzewo cedrowe. Najważniejsze miejsce, gdzie stała Arka, miało ściany wyłożone szczerym złotem. Wszystko wewnątrz było ozdobione rzeźbami podkreślającymi piękno domu Pana. Podczas poświęcenia świątyni Salomon modlił się:

> Czy naprawdę zamieszka Bóg na ziemi? Przecież niebo i niebiosa najwyższe nie mogą Cię objąć, a tym mniej ta świątynia, którą zbudowałem. Wysłuchaj błaganie sługi Twego i Twojego ludu, Izraela, ilekroć modlić się będzie na tym miejscu.
>
> (1 Krl 8,27.30)

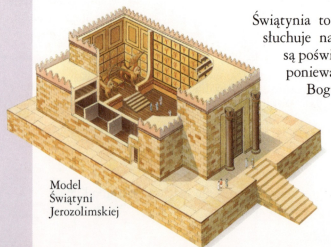

Model Świątyni Jerozolimskiej

Świątynia to miejsce, gdzie Bóg wysłuchuje naszych modlitw. Kościoły są poświęcane w uroczysty sposób, ponieważ są oddane na własność Bogu. Każda świątynia to miejsce święte. Wszyscy powinniśmy dbać, by były one coraz piękniejsze.

Świątynią jest również każdy z nas. W Piśmie Świętym czytamy:

> Czyż nie wiecie, że jesteście świątynią Boga i że Duch Boży mieszka w was? Świątynia Boga jest święta, a wy nią jesteście.
>
> (1 Kor 3,16.17b)

Przez chrzest Bóg uwolnił nas od grzechu pierworodnego i uczynił świętymi. Napełnił nas swoją łaską i uzdolnił do świętego życia. Już nie jesteśmy sami. Zawsze możemy liczyć na Bożą pomoc. Boży Duch, zamieszkujący nasze serca, podsuwa nam dobre myśli, podpowiada dobre słowa, zachęca do dobrych czynów.

Serce, które jest Bożą świątynią, jest wrażliwe na potrzeby innych, na ich cierpienie, na niesprawiedliwość i krzywdę.

Czy wiesz, że...

Świątynia wybudowana przez króla Salomona została zburzona. Odbudowano ją, ale została zburzona ponownie. Obecnie pozostał po niej tylko jeden mur. Nazywamy go „ścianą płaczu".

Zastanów się

– W jaki sposób okazujesz, że w twoim sercu mieszka Bóg?
– Jak troszczysz się o kościół, w którym Bóg czeka na ciebie i chce się z tobą spotkać?

Zaśpiewaj

W moim sercu mieszka Bóg,
a Jego flagą radość jest.
Poniosę flagę wysoko, wysoko,
niech pozna, pozna cały świat.
Niech wszyscy ludzie zobaczą, zobaczą,
niech pozna, pozna cały świat.

Warto wiedzieć

Świątynie to budowle poświęcone Bogu albo bóstwom. Wznoszą je wyznawcy wszystkich religii.

Zapamiętaj

Kościół to znak obecności Boga, miejsce, gdzie Bóg wysłuchuje naszych modlitw.

Zadanie

1. Napisz w punktach, w jaki sposób możesz wyrażać swoją troskę o świątynię.
2. Przygotuj model świątyni izraelskiej lub twojego kościoła parafialnego (używając na przykład pudełek różnej wielkości).

24 | Izrael i Juda – podzielone królestwa

Po zachodniej części Europy możemy poruszać się bez przeszkód, bez zatrzymywania się na granicach, na przykład jadąc z Polski do Niemiec. Dzięki temu podróżowanie jest łatwe i szybkie. Są jednak państwa, do których można wjechać tylko po przejściu kontroli granicznej (na przykład z Polski na Białoruś).

Podobnie było z królestwem Izraela. Zobacz, jak stało się ono dwoma państwami, na dodatek wrogo do siebie nastawionymi.

Naród izraelski podzielony był na 12 pokoleń, których nazwy pochodziły od imion synów Jakuba, na przykład Juda, Lewi, Ruben. Pokolenia te zamieszkiwały tereny, które zostały im przydzielone przez rzucenie losów po dotarciu do Ziemi Obiecanej. Wyjątkiem był ród Lewiego, który nie otrzymał ziemi, ze względu na pełnienie obowiązków kapłańskich. Jego członkowie zamieszkiwali pośród pozostałych pokoleń.

Król Salomon, który panował nad całym narodem Izraela, wybudował w Jerozolimie świątynię dla Boga Jahwe. Nałożył także obowiązek płacenia podatków przez każde pokolenie. Po jego śmierci tron miał objąć jego syn Roboam. Przed koronacją poproszono go o zmniejszenie nałożonego podatku, ale tego nie zrobił. Króla dla narodu izraelskiego wybierał sam

Bóg, dlatego każdy władca miał być dla swoich poddanych tak dobry jak Bóg. Zadaniem króla było nie tylko opiekowanie się narodem, ale także przypominanie o Bogu i umacnianie wiary w Niego. Ponieważ Roboam nie okazał się takim właśnie królem, dziesięć pokoleń wypowiedziało mu posłuszeństwo. Wydarzenie to doprowadziło do podziału narodu izraelskiego na dwa królestwa: Judy (południowe, ze stolicą w Jerozolimie) i Izraela (północne, ze stolicą początkowo w Sychem, utworzone przez dziesięć pokoleń). Od tego momentu obydwa królestwa walczyły ze sobą przez wiele lat. Powstała między nimi granica i przemieszczanie się nie było już takie proste jak wcześniej.

Konflikt i brak porozumienia prowadzą do podziałów, które utrudniają życie ludziom, a nawet prowadzą do nienawiści. Natomiast sprawiedliwe traktowanie bliskich osób przybliża nas do Boga. Właśnie tego pragnie Bóg, dając nam Przykazanie Miłości:
Będziesz miłował Pana, Boga swego, z całego serca swego, ze wszystkich sił swoich, a bliźniego swego jak siebie samego.
Pan Jezus udoskonalił to przykazanie:

> Przykazanie nowe daję wam, abyście się wzajemnie miłowali, tak jak Ja was umiłowałem.
> (J 13,34)

Czy wiesz, że...
Szacunek należy okazywać każdemu człowiekowi, ponieważ każdy jest stworzony na obraz i podobieństwo Boga.

Zastanów się
– Wykorzystując i krzywdząc innych ludzi, możemy doprowadzić do wielkich podziałów i nieporozumień, które ciężko będzie naprawić.

Zapamiętaj
Naród izraelski podzielił się na dwa królestwa: Judy (południowe – pokolenie Judy) i Izraela (północne – dziesięć pokoleń).

Zadanie
1. Narysuj, jak możesz okazać innym szacunek w domu lub w szkole.
2. Napisz, co należy czynić, aby w twojej klasie wszyscy byli dla siebie mili i koleżeńscy.

25 Babilonia – ziemia wygnania

Kolejną podróż odbywamy do Babilonii, kraju, który już nie istnieje. Król babiloński, wykorzystując słabość Izraelitów, napadł na Jerozolimę. Stał się narzędziem kary wymierzonej Izraelitom przez Boga, choć sam o tym nie wiedział. Zniszczył miasto, zabił żołnierzy, obrabował i zburzył świątynię, a wielu ludzi uprowadził do niewoli. Dlaczego tak się stało?

Izraelici zaczęli grzeszyć niewiernością, oddawać cześć bożkom, postępować wbrew Bożemu prawu. Bóg cierpliwie ich upominał przez proroków. Przestrzegał przed tragicznym losem, jaki ich spotka, jeśli nie zmienią swego postępowania. Niestety, Izraelici uparcie trwali w grzechach. Wobec takiego uporu Bóg pozwolił ludziom doświadczyć skutków zła. Nie mógł pozostać obojętny wobec grzechów, nie mógł udawać, że niczego nie widzi. Bóg jest sprawiedliwy.

Izraelici przebywali w Babilonii jako niewolnicy aż 70 lat. Cierpienie, tęsknota za ojczyzną, udręka niewoli odebrała im radość życia. Dopiero wtedy uznali swój grzech. Zaczęli prosić Boga o przebaczenie. Postanowili się nawrócić i odmienić swe serca. O to właśnie chodziło Bogu. Widząc taką przemianę, postanowił pomóc Izraelitom, których przecież nadal kochał. Posłużył się królem Cyrusem, władcą Persji, który podbił Babilonię i jako jej nowy władca uwolnił Izraelitów z niewoli. Pozwolił im także wrócić do swego kraju. Co więcej, rozkazał oddać zagrabione skarby świątynne: aż 5400 sprzętów złotych, srebrnych i różnych ozdób z brązu. Zarządził też wszelką pomoc przy odbudowie świątyni.

Takiego rozwiązania nikt się nie spodziewał. Izraelitów ogarnęła wielka radość. Dziękowali Bogu za Jego dobroć, modlili się, składali ofiary. Byli to już nawróceni ludzie – lepsi, silniejsi duchowo. Świątynia została odbudowana i choć nie była tak piękna, jak za czasów Salomona, znów stała się znakiem obecności Boga i miejscem spotkań z Nim.

> Panie, okaż Syjonowi łaskę w Twej dobroci,
> odbuduj mury Jeruzalem!
> Wtedy będą Ci się podobać prawe ofiary, dary i całopalenia,
> wtedy będą składać cielce na Twoim ołtarzu.
>
> (Ps 51,20-21)

Człowiek dobrowolnie wybiera grzech. Dobrze, jeśli prędko go odrzuci. Jeśli w nim trwa, zaczyna się niewola, która może być bardzo długa. Źle jest żyć, cierpiąc w niewoli grzechu. Bóg pozwala na cierpienie, bo wie, że wyniknie z tego dobro. To szansa dla grzesznika, który zmienia się, doświadczając bólu. Bóg karze nie po to, by zniszczyć człowieka, ale by go ocalić. On go kocha nawet w niewoli zła.

Zniszczoną przez grzech świątynię Bożą w naszych sercach odbudowuje łaska Boża, na którą otwieramy się, czyniąc dobro. Pomagają nam w tym kapłani przez sakrament pokuty, a umacnia nas sam Pan Jezus w Eucharystii.

Zastanów się

– Kiedy ostatnio przystąpiłeś do sakramentu pokuty i pojednania?
– Jak często przyjmujesz Ciało Chrystusa w Komunii?

Zapamiętaj

Przyznanie się do grzechów, szczery żal i postanowienie poprawy otwierają drogę do Bożego przebaczenia, które czyni człowieka wolnym. Bóg przebacza tym, którzy żałują za swoje grzechy i chcą się poprawić.

Zadanie

Podczas wieczornej modlitwy powiedz Panu Bogu, jakie dobro udało ci się dzisiaj uczynić, a co w twoim sercu wymaga naprawy.

Sprawdź swoją wiedzę

1. Izraelici trafili do niewoli babilońskiej, ponieważ:
   a) uważali, że tam jest lepiej,
   b) sami tego chcieli,
   c) odwrócili się od Boga.
2. Bóg, wyzwalając Izraelitów z niewoli, posłużył się:
   a) Cyrusem, królem Persji,
   b) władcą Izraelskim,
   c) prorokiem.
3. Po powrocie Izraelici:
   a) odbudowali świątynię,
   b) długo ucztowali,
   c) uznali Cyrusa za swego boga.

Sprawdź swoją wiedzę

1. Przed wejściem do Ziemi Obiecanej Izraelici musieli przeprawić się przez:
   a) rzekę Nil,
   b) Morze Czerwone,
   c) rzekę Jordan.

2. Bóg sprawił, że mury Jerycha rozpadły się, gdy:
   a) kapłani zagrali na trąbach, a lud wzniósł wojenny okrzyk,
   b) Jozue zagrał na rogu, a lud zaczął tańczyć,
   c) Izraelici uderzyli w bębny.

3. Król Dawid, wprowadzając uroczyście Arkę Przymierza do Jerozolimy:
   a) pokazał, że Arka jest cennym zabytkiem,
   b) przypomniał, że Bóg jest najwyższym i jedynym władcą Izraela,
   c) chciał ją ukryć przed kradzieżą.

4. Bóg pozwolił na wybudowanie świątyni w Jerozolimie:
   a) królowi Dawidowi,
   b) Jozuemu,
   c) królowi Salomonowi.

5. Naród izraelski podzielił się na dwa królestwa:
   a) Izrael i Kanaan,
   b) Judę i Egipt,
   c) Judę i Izrael.

6. Gdy Izraelici zaczęli postępować wbrew Bożemu prawu, Bóg:
   a) zesłał na nich potop,
   b) cierpliwie ich upominał przez proroków,
   c) nie reagował na ich grzechy.

7. Bóg pomógł Izraelitom powrócić z niewoli babilońskiej do ojczyzny, gdy:
   a) utworzyli liczne wojsko,
   b) uznali swój grzech, prosili Boga o przebaczenie i nawrócili się,
   c) przekupili króla Persji Cyrusa.

8. Nowe przykazanie miłości, które Pan Jezus dał ludziom, to:
   a) „Przykazanie nowe daję wam, abyście się wzajemnie miłowali, tak jak Ja was umiłowałem",
   b) „Świątynia Boga jest święta, a wy nią jesteście",
   c) „Duch Boży mieszka w was".

IV
Szlak Pana Jezusa

Nie zabraknie mi nigdy chleba,
nie zabraknie mi nigdy wody,
bo Ty jesteś chlebem z nieba.
Jezu jesteś źródłem mym.

26 Nazaret – „anielska poczta"

W naszej katechetycznej wędrówce zaglądaliśmy do wielu ksiąg Pisma Świętego Starego Testamentu i odwiedziliśmy wiele miejsc na mapie Ziemi Świętej. Wędrując tak, coraz bardziej przybliżamy się do nieba. Tymczasem Bóg zamierza zstąpić z nieba na ziemię. Chce nas najpierw o swoim przybyciu powiadomić. W miasteczku Nazaret dokonała się niezwykła łączność między niebem a ziemią. Bóg posłużył się „pocztą anielską". O tym wydarzeniu możesz przeczytać w Ewangelii według św. Łukasza, która jest jedną z ksiąg Nowego Testamentu.

Posłał Bóg anioła Gabriela do miasta w Galilei, zwanego Nazaret, do Dziewicy poślubionej mężowi, imieniem Józef; a Dziewicy było na imię Maryja. Wszedłszy do Niej, anioł rzekł: „Bądź pozdrowiona, łaski pełna, Pan z Tobą, błogosławiona jesteś między niewiastami". Ona zmieszała się na te słowa i rozważała, co miałoby znaczyć to pozdrowienie. Lecz anioł rzekł do Niej: „Nie bój się, Maryjo, znalazłaś bowiem łaskę u Boga. Oto poczniesz i porodzisz Syna, któremu nadasz imię Jezus".
Na to Maryja rzekła do anioła: „Jakże się to stanie, skoro nie znam męża?" Anioł Jej odpowiedział: „Duch Święty zstąpi na Ciebie i moc Najwyższego okryje Cię cieniem. Dlatego też Święte, które się narodzi, będzie nazwane Synem Bożym. A oto również krewna Twoja, Elżbieta, poczęła w swej starości syna i jest już w szóstym miesiącu ta, którą miano za niepłodną. Dla Boga bowiem nie ma nic niemożliwego". Na to rzekła Maryja: „Oto Ja służebnica Pańska, niech mi się stanie według słowa twego". Wtedy odszedł od Niej anioł.
(Łk 1,26-31.34-38)

W ten sposób Bóg wypełnił obietnicę, jaką złożył jeszcze w raju po grzechu pierworodnym. Zapowiedział wtedy, że pośle na świat swojego Syna, który przyniesie ludziom zbawienie. Matką Syna Bożego zgodziła się zostać Maryja. Była ona skromną i ubogą dziewczyną, jej życie wypełniała praca i modlitwa.

Przekrój domu prostej rodziny izraelskiej. W podobnym domu mieszkała Maryja.

Bazylika Zwiastowania w Nazarecie

Warto wiedzieć

Anioł – pochodzi od greckiego *angelos*, co znaczy „posłaniec". Aniołowie są duchami stworzonymi przez Boga i mają wyznaczone pewne zadania. Każdy z nas ma swego Anioła Stróża, który opiekuje się nami.

W Zwiastowaniu odsłania się tajemnica Bożej miłości i gotowość Maryi do wypełnienia woli Bożej. Mówią o tym słowa modlitwy „Anioł Pański".

Zapamiętaj

– Anioł Pański zwiastował Pannie Maryi i poczęła z Ducha Świętego.
  Zdrowaś Maryjo...
– Oto Ja służebnica Pańska, niech mi się stanie według słowa Twego.
  Zdrowaś Maryjo...
– A Słowo ciałem się stało i zamieszkało między nami.
  Zdrowaś Maryjo...
Módl się za nami, Święta Boża Rodzicielko, abyśmy się stali godnymi obietnic Chrystusowych.

Łaskę Twoją, prosimy Cię, Panie, racz wlać w serca nasze, abyśmy poznawszy za zwiastowaniem anielskim wcielenie Chrystusa, Syna Twego, przez Jego mękę i krzyż do chwały zmartwychwstania zostali doprowadzeni. Przez Chrystusa, Pana naszego. Amen.

Zastanów się

– W jaki sposób wyrażasz gotowość wypełniania woli Bożej?
– W jakich sytuacjach możesz być Bożym wysłannikiem dla innych?

Zadanie

Obejrzyj transmisję modlitwy Anioł Pański z Watykanu (TVP 1, niedziela, godz. 12.00).

27 | Ain Karim – niecodzienna podróż

Wybieramy się do Ain Karim, które jest niewielkim miasteczkiem położonym wśród pól uprawnych i ogrodów, na stokach stromych wzgórz. Od Nazaretu jest ono oddalone o mniej więcej 140 kilometrów. Jadąc na osiołku, ten dystans można przebyć w cztery dni.

W Ain Karim mieszkają Zachariasz i jego żona Elżbieta, krewna Maryi. Oczekują dziecka, choć Elżbieta jest już w podeszłym wieku. Ich syn ma przyjść na świat za trzy miesiące, będzie miał na imię Jan.

Przeczytaj fragment Ewangelii opowiadający o spotkaniu Elżbiety i Maryi.

> Maryja wybrała się i poszła z pośpiechem w góry do pewnego miasta w ziemi Judy. Weszła do domu Zachariasza i pozdrowiła Elżbietę. Gdy Elżbieta usłyszała pozdrowienie Maryi, poruszyło się dzieciątko w jej łonie, a Duch Święty napełnił Elżbietę. Wydała ona głośny okrzyk i powiedziała: „Błogosławionaś Ty między niewiastami i błogosławiony jest owoc Twojego łona. A skądże mi to, że Matka mojego Pana przychodzi do mnie? Oto bowiem, skoro głos Twego pozdrowienia zabrzmiał w moich uszach, poruszyło się z radości dzieciątko w moim łonie. Błogosławiona jest, która uwierzyła, że spełnią się słowa powiedziane Jej od Pana".
>
> (Łk 1,39-45)

Maryja wyrusza do Elżbiety, ponieważ w czasie Zwiastowania dowiedziała się, że jej krewna poczęła w sposób cudowny syna. Doświadczenie miłości Boga sprawiło, że wybrała się z pośpiechem w drogę. Celem Maryi jest spotkanie z Elżbietą i pomoc krewnej będącej już w podeszłym wieku. Maryja i Elżbieta noszą pod swoim sercem nienarodzone jeszcze dzieci. Choć ich nie widzą, już je kochają. Czy zauważasz, jak szczególną troską otaczamy kobiety spodziewające się dziecka?

Już od kilku miesięcy przyjmujesz Jezusa w Komunii Świętej. Spójrz na Maryję, jak z Jezusem pod sercem spieszy do Elżbiety. Jezus chce, byś i ty spieszył do ludzi, którzy potrzebują twojej pomocy. Dziel się z nimi radością twojego serca.

Maryja podczas podróży do Ain Karim, Kościół Nawiedzenia św. Elżbiety

Zapamiętaj

Słowa, które Elżbieta wypowiedziała do Maryi:
„Błogosławiona jesteś między niewiastami i błogosławiony jest owoc Twojego łona. Błogosławiona jest, która uwierzyła, że spełnią się słowa powiedziane Jej od Pana" (Łk 1,42.45).

Zastanów się

– Jak często przystępujesz do Komunii Świętej?
– W jaki sposób wyrażasz radość spotkania z Jezusem?
– W jaki sposób naśladujesz postawę Maryi, to znaczy komu spieszysz z pomocą?

Zadanie

1. Staraj się systematycznie uczestniczyć we Mszy Świętej i przyjmować Pana Jezusa do swego serca.
2. Zastanów się, komu z twoich bliskich powinieneś pomóc. Napisz, w jaki sposób pomogłeś tej osobie.

28 | Betlejem – Grota Narodzenia

Dzisiaj wędrujemy do Betlejem. Szliśmy z Nazaretu około 140 kilometrów. W naszej podróży rozejrzymy się także wokół Betlejem, by zobaczyć grotę ze żłobem, gdzie urodził się Jezus, i pole, gdzie spali pasterze. Ponad 2000 lat temu w to miejsce przybyli Maryja z Józefem. Szukali w mieście noclegu. Niestety, nie mogli go znaleźć, ponieważ do Betlejem przybyło wielu podróżnych na spis ludności.

Przeczytaj, co o tym wydarzeniu jest napisane w Piśmie Świętym:

> W owym czasie wyszło rozporządzenie cezara Augusta, żeby przeprowadzić spis ludności w całym świecie. Podążali więc wszyscy, aby się dać zapisać, każdy do swego miasta. Udał się także Józef z Galilei, z miasta Nazaret, do Judei, do miasta Dawidowego zwanego Betlejem, ponieważ pochodził z domu i rodu Dawida, żeby dać się zapisać z poślubioną sobie Maryją, która była brzemienna. Kiedy tam przebywali, nadszedł dla Maryi czas rozwiązania. Powiła swego pierworodnego Syna, owinęła Go w pieluszki i położyła w żłobie, gdyż nie było dla nich miejsca w gospodzie.
>
> (Łk 2,1.3-7)

Gdy rodzi się dziecko, radość ogarnia jego rodziców, krewnych i przyjaciół. Otaczają je troską i miłością. Przygotowują mu pokój, a w nim łóżeczko, wózek, zabawki i ubrania. Nowo narodzonego Jezusa nie mogli odwiedzić bliscy z Nazaretu, dlatego Bóg posłał do swego Syna innych „gości". Jako pierwsi przyszli prości, ubodzy pasterze. Przynieśli Dzieciątku pokorę i miłość.

Warto wiedzieć

Betlejem – miasto w Judei położone 10 kilometrów na południe od Jerozolimy. Po hebrajsku jego nazwa znaczy „dom chleba". Betlejem słynie z tego, że narodził się w nim Jezus.

W tej samej okolicy przebywali w polu pasterze i trzymali straż nocną nad swoją trzodą. Wtem stanął przy nich anioł Pański i chwała Pańska zewsząd ich oświeciła, tak że bardzo się przestraszyli. I rzekł do nich anioł: „Nie bójcie się! Oto zwiastuję wam radość wielką, która będzie udziałem całego narodu: dziś bowiem w mieście Dawida narodził się wam Zbawiciel, którym jest Mesjasz, Pan. A to będzie znakiem dla was: znajdziecie Niemowlę owinięte w pieluszki i leżące w żłobie".

Gdy aniołowie odeszli od nich do nieba, pasterze mówili między sobą: „Pójdźmy do Betlejem i zobaczmy, co się tam zdarzyło i o czym nam Pan oznajmił". Udali się też pośpiesznie i znaleźli Maryję, Józefa oraz leżące w żłobie Niemowlę.

(Łk 2,8-12.15-16)

Czy wiesz, że...

Drzwi do Bazyliki Narodzenia Pańskiego w Betlejem są bardzo niskie. Każdy, kto wchodzi do świątyni, musi się pochylić.

Jakiś czas po narodzeniu Jezusa przybyli ze Wschodu Mędrcy, by Go zobaczyć. Przeszli długą drogę, prowadzeni przez gwiazdę jaśniejącą na niebie. Doprowadziła ich ona do Betlejem. Weszli do domu, nad którym się zatrzymała. Zobaczyli tam Dziecię z Jego Matką, Maryją. Gdy ujrzeli Dzieciątko, padli na twarz i oddali Mu pokłon. Następnie otworzyli swoje skrzynie i ofiarowali Jezusowi cenne dary: złoto, kadzidło i mirrę.

Zastanów się

– Ile razy w twoim sercu dobro wygrywa nad złem?
– Jaki dobry uczynek wykonasz, by dzięki tobie stał się cud Bożego Narodzenia w twojej rodzinie, szkole?

Zadanie

Wyjaśnij, dlaczego w święta Bożego Narodzenia, choć minęło dwa tysiące lat od narodzenia Jezusa, nadal śpiewamy „Dzisiaj w Betlejem" – a nie na przykład „Dawno w Betlejem"?

29 Ponownie Nazaret – rodzinny dom Jezusa

Wybierzmy się na poszukiwanie skarbu. Co jest największym skarbem każdego dziecka? W tych poszukiwaniach możemy się zagubić wśród pięknych zabawek, szybkich komputerów… A prawdziwy skarb jest blisko nas! To kochająca rodzina: mama, tato, rodzeństwo. To oni czynią nasze życie szczęśliwym.

Pan Jezus, tak jak każde dziecko na świecie, przyszedł na świat w rodzinie. Miał kochającą mamę Maryję i opiekuna św. Józefa, który na ziemi zastępował mu Ojca. Jego dzieciństwo, choć ubogie i pełne trudności, było szczęśliwe, ponieważ zawsze byli z Nim Jego najbliżsi. O dzieciństwie Jezusa możemy się dowiedzieć, czytając fragment Pisma Świętego:

> Oto anioł Pański ukazał się Józefowi we śnie i rzekł: „Wstań, weź Dziecię i Jego Matkę i uchodź do Egiptu; pozostań tam, aż ci powiem; bo Herod będzie szukał Dziecięcia, aby Je zgładzić". On wstał, wziął w nocy Dziecię i Jego Matkę i udał się do Egiptu. A gdy Herod umarł, oto Józefowi w Egipcie ukazał się anioł Pański we śnie i rzekł: „Wstań, weź Dziecię i Jego Matkę i idź do ziemi Izraela". Udał się w okolice Galilei. Przybył do miasta zwanego Nazaret i tam osiadł.
>
> (Mt 2,13-14.19-20.22-23)

Urodzony w Betlejem Zbawiciel z powodu nienawiści Heroda musiał opuścić ojczyznę i przez kilka lat mieszkał w Egipcie. Choć życie na obcej ziemi nie było łatwe, Boży Syn miał to, co najważniejsze – miłość rodziny.

Maryja i Józef troszczyli się o Niego i opiekowali się Nim. Po powrocie do ziemi Izraela zamieszkali w Nazarecie.

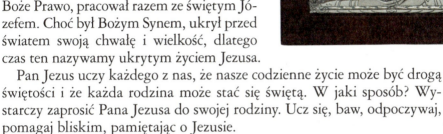

Dlaczego tę Rodzinę z Nazaretu nazywamy świętą? Ponieważ przyjęła Pana Jezusa, Bożego Syna, do swego życia. Był On najważniejszy w tej rodzinie, zajmował w niej pierwsze miejsce.

O tym, jak wyglądało codziennie życie Pana Jezusa w Nazarecie, wiemy niewiele. Żył w gronie swojej Rodziny, poznawał Boże Prawo, pracował razem ze świętym Józefem. Choć był Bożym Synem, ukrył przed światem swoją chwałę i wielkość, dlatego czas ten nazywamy ukrytym życiem Jezusa.

Pan Jezus uczy każdego z nas, że nasze codzienne życie może być drogą świętości i że każda rodzina może stać się świętą. W jaki sposób? Wystarczy zaprosić Pana Jezusa do swojej rodziny. Ucz się, baw, odpoczywaj, pomagaj bliskim, pamiętając o Jezusie.

 ## Zapamiętaj

Przez wiele lat Jezus żył tak jak inni ludzie. Nic nie wskazywało, że jest kimś więcej niż zwykłym człowiekiem. Żył z pracy rąk, posłuszny rodzicom wypełniał Boże Prawo.

 ## Zastanów się

– W jaki sposób będziesz wykonywał codzienne obowiązki, by Jezus był z ciebie zadowolony?
– Jak pomożesz swojej rodzinie wzrastać w świętości?

 ## Zadanie

Używając lusterka, odczytaj zaszyfrowany tekst z „Katechizmu Kościoła katolickiego". Mówi on o tym, dlaczego Pan Jezus w sposób „ukryty" żył w Nazarecie. Zapisz to zdanie w zeszycie.

Życie ukryte w Nazarecie pozwala każdemu człowiekowi jednoczyć się z Chrystusem na najbardziej zwyczajnych drogach życia.

30 Pielgrzymka do świątyni

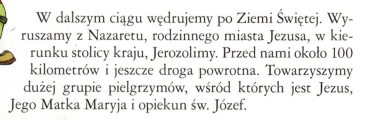

W dalszym ciągu wędrujemy po Ziemi Świętej. Wyruszamy z Nazaretu, rodzinnego miasta Jezusa, w kierunku stolicy kraju, Jerozolimy. Przed nami około 100 kilometrów i jeszcze droga powrotna. Towarzyszymy dużej grupie pielgrzymów, wśród których jest Jezus, Jego Matka Maryja i opiekun św. Józef.

Rodzice Jezusa chodzili co roku do Jerozolimy na Święto Paschy. Gdy miał lat dwanaście, udali się tam zwyczajem świątecznym. Kiedy wracali po skończonych uroczystościach, został młody Jezus w Jerozolimie, a tego nie zauważyli Jego Rodzice. Przypuszczając, że jest wśród pątników, uszli dzień drogi i szukali Go między krewnymi i znajomymi. Gdy Go nie znaleźli, wrócili do Jerozolimy, szukając Go.

Dopiero po trzech dniach odnaleźli Go w świątyni, gdzie siedział między nauczycielami, przysłuchiwał się im i zadawał pytania. Wszyscy zaś, którzy Go słuchali, byli zdumieni bystrością Jego umysłu i odpowiedziami. Na ten widok zdziwili się bardzo, a Jego Matka rzekła do Niego: „Synu, czemuś nam to uczynił? Oto ojciec Twój i ja z bólem serca szukaliśmy Ciebie". Lecz On im odpowiedział: „Czemuście Mnie szukali? Czy nie wiedzieliście, że powinienem być w tym, co należy do mego Ojca?" Oni jednak nie zrozumieli tego, co im powiedział.

Potem poszedł z nimi i wrócił do Nazaretu; i był im poddany. A Matka Jego chowała wiernie wszystkie te sprawy w swym sercu. Jezus zaś czynił postępy w mądrości, w latach i w łasce u Boga i u ludzi.

(Łk 2,41-52)

Jezus zaczął wypełniać obowiązki religijne wcześniej, niż tego wymagało prawo. Mając dwanaście lat, pielgrzymuje już do świątyni, choć ta praktyka obowiązywała chłopców od trzynastego roku życia.

Nasze życie to wędrowanie przez świat, przez ziemię do nieba. Nam też, podobnie jak Maryi i św. Józefowi, może się przydarzyć, że zgubimy Jezusa. Dzieje się tak, gdy zajęci swoimi sprawami zapominamy o Bogu i o obowiązkach religijnych.

Nasze obowiązki wynikające z wiary zapisane są przede wszystkim w przykazaniach Bożych oraz kościelnych. Są wśród nich przepisy dotyczące świętowania, okazywania czci Bogu, spowiedzi czy Komunii Świętej. Przypomnij je sobie dokładnie, bo ich wypełnianie pomaga w codziennym odnajdywaniu Jezusa, by razem z Nim dojść do nieba – domu kochającego nas Ojca.

Jedno z przykazań kościelnych mówi o zachowywaniu postów i wstrzemięźliwości od pokarmów mięsnych. Aby wynagrodzić Panu Jezusowi za Jego cierpienie, w piątki przez cały rok nie powinniśmy jeść mięsa i potraw mięsnych. Przepis ten obowiązuje od 14 roku życia, czyli ciebie jeszcze nie, ale pomyśl o tym i porozmawiaj z rodzicami. Może zaczniesz wypełniać ten obowiązek religijny wcześniej.

 ### Módl się

Chcę głosić Twą wielkość, Boże mój, Królu,
i błogosławić imię Twe na zawsze i na wieki.
Każdego dnia będę Ciebie błogosławił
i na wieki wysławiał Twe imię.
Wielki jest Pan i bardzo godzien chwały,
a wielkość Jego niezgłębiona.

(Ps 145,1-3)

Warto wiedzieć

Pielgrzymka to wędrowanie do miejsc świętych, by spotkać się z Bogiem.

 ### Zastanów się

– Jaki masz obowiązek związany z modlitwą?
– Jaki masz obowiązek związany z Mszą Świętą?
– Dlaczego najważniejsze w życiu człowieka jest to, co wiąże się z Bogiem?

 ### Zapamiętaj

Twoje najważniejsze religijne obowiązki to:
– codzienna modlitwa przynajmniej rano i wieczorem,
– uczestnictwo we Mszy Świętej w każdą niedzielę oraz święta nakazane: Narodzenia Pańskiego (25 grudnia), Świętej Bożej Rodzicielki (1 stycznia), Objawienia Pańskiego (6 stycznia), Najświętszego Ciała i Krwi Chrystusa, Wniebowzięcia Najświętszej Maryi Panny (15 sierpnia), Wszystkich Świętych (1 listopada).

 ### Zadanie

Napisz modlitwę o siłę do radosnego wypełniania obowiązków religijnych.

31 Wody Jordanu

Codziennie stykasz się z wodą. Woda umożliwia życie. Tam, gdzie jest woda, mogą żyć ludzie, zwierzęta, rosnąć rośliny... Dziś popatrzymy na wodę płynącą w rzece Jordan. W jej wodach wydarzyło się coś ważnego w życiu Jezusa.

Przyszedł Jezus z Galilei nad Jordan do Jana, żeby przyjąć od niego chrzest. Lecz Jan powstrzymywał Go, mówiąc: „To ja potrzebuję chrztu od Ciebie, a Ty przychodzisz do mnie?" Jezus mu odpowiedział: „Ustąp teraz, bo tak godzi się nam wypełnić wszystko, co sprawiedliwe". Wtedy Mu ustąpił. A gdy Jezus został ochrzczony, natychmiast wyszedł z wody. A oto otworzyły się nad Nim niebiosa i ujrzał Ducha Bożego zstępującego jak gołębica i przychodzącego na Niego. A głos z nieba mówił: „Ten jest mój Syn umiłowany, w którym mam upodobanie".

(Mt 3,13-17)

To wydarzenie ma też wielkie znaczenie dla nas. Sakrament chrztu świętego zapoczątkował w nas nowe życie w jedności z Chrystusem, z Bogiem Ojcem i z Duchem Świętym. Te wszystkie Osoby Trójcy Świętej objawiły się podczas chrztu Jezusa. Kapłan, gdy udzielał nam chrztu świętego, mówił: „Ja ciebie chrzczę w imię Ojca i Syna, i Ducha Świętego".

Podczas chrztu Bóg uwalnia nas od grzechu pierworodnego. Od tej chwili stajemy się Jego dziećmi. Czyni z nas świątynię Ducha Świętego i włącza nas do wspólnoty Kościoła.

Czy wiesz, że...

Pan Jezus miał około 30 lat, gdy przyjął chrzest.

Warto wiedzieć

Chrzest – to słowo pochodzi od imienia Chrystusa, oznacza uroczyste przyjęcie do wspólnoty chrześcijańskiej.

Rzeka Jordan, miejsce chrztu Jezusa

Zaśpiewaj

Dzieckiem Bożym jestem ja la, la…

Ojciec Bóg kocha nas,
miłość swą zsyła nam.
Któż jak On wielki jest,
któż jak On miłość ma.

Święty Bóg, Ojciec nasz,
co dzień ma hojną dłoń.
Kocha nas, dzieci swe,
mimo grzechów oraz wad.

Zastanów się

– Czy wierzysz w Boga Ojca wszechmogącego, Stworzyciela nieba i ziemi?
– Czy wierzysz w Jezusa Chrystusa, Syna Jego jedynego, Pana naszego, narodzonego z Maryi Dziewicy, umęczonego i pogrzebanego, który powstał z martwych i zasiada po prawicy Ojca?
– Czy wierzysz w Ducha Świętego, święty Kościół powszechny, obcowanie świętych, odpuszczenie grzechów, zmartwychwstanie ciała i życie wieczne?

Zapamiętaj

Taka jest nasza wiara. Taka jest wiara Kościoła, której wyznawanie jest naszą chlubą, w Chrystusie Jezusie, Panu naszym.

Zadanie

1. Zapytaj rodziców o datę swojego chrztu i o nazwę parafii, w której go otrzymałeś. Zapisz je w zeszycie.
2. Podziękuj Panu Bogu w modlitwie za sakrament chrztu, który rozpoczął w tobie życie wieczne. Podziękuj także rodzicom i rodzicom chrzestnym za łaskę wiary.

32. Góra i równina – modlitwa i moc

Jest późny wieczór, właściwie już początek nocy. Tego dnia tyle się wydarzyło. Była klasówka z matematyki, ćwiczenia na zajęciach z WF-u tak intensywne, że mięśnie nie pozwalają o nich zapomnieć. W domu trzeba było szybko odrobić lekcje, bo jeszcze urodziny u kolegi. Po powrocie musiałeś koniecznie wypróbować nową grę, którą właśnie pożyczyłeś. Oczy same się zamykają. Najchętniej położyłbyś się już spać. A modlitwa?

Spójrz na Jezusa.

> W tym czasie Jezus wyszedł na górę, aby się modlić, i całą noc trwał na modlitwie do Boga. Z nastaniem dnia przywołał swoich uczniów i wybrał spośród nich dwunastu, których też nazwał apostołami.
>
> Zeszedł z nimi na dół i zatrzymał się na równinie; był tam liczny tłum Jego uczniów i wielkie mnóstwo ludu z całej Judei i z Jeruzalem oraz z nadmorskich okolic Tyru i Sydonu; przyszli oni, aby Go słuchać i znaleźć uzdrowienie ze swych chorób. Także i ci, których dręczyły duchy nieczyste, doznawali uzdrowienia. A cały tłum starał się Go dotknąć, ponieważ moc wychodziła od Niego i uzdrawiała wszystkich.
>
> (Łk 6,12-13.17-19)

Dni Jezusa były bardzo pracowite. Ciągle otaczali Go ludzie spragnieni Jego słów i czynów, a On służył im z całym oddaniem. Zdarzało się, że nawet na posiłek brakowało czasu. Ale nie na modlitwę. Ulubionym miejscem modlitwy były dla Jezusa góry. Po trudach dnia wchodził na górę, by w samotności rozmawiać z Ojcem. Trwało to nieraz całą noc. Rano znów był do dyspozycji oczekujących Go tłumów. Był zmęczony. A jednak Ewangelia mówi bardzo wyraźnie, że po całonocnej modlitwie „moc wychodziła od Niego i uzdrawiała wszystkich". Modlitwa była dla Jezusa źródłem mocy, z którą potem schodził do ludzi, by nauczać i uzdrawiać.

Jeśli w ciągu twojego dnia wiele się wydarzyło, to masz o czym rozmawiać z Bogiem. Nie musisz poświęcać na modlitwę całej nocy, ale nigdy jej nie zaniedbuj. Nie módl się też w pośpiechu. Znajdź swoją „górę modlitwy", to znaczy miejsce, gdzie nikt nie będzie ci przeszkadzał. Pozwól, by Bóg napełniał cię mocą do dobrego przeżycia następnego dnia.

Warto wiedzieć

Góra – w Biblii często oznacza miejsce spotkania z Bogiem.

Równina – w Ewangelii przedstawiona jest jako miejsce działania Jezusa wśród ludzi.

Zastanów się

– Czym dla ciebie jest modlitwa?
– Jaki związek ma twoja modlitwa z tym, co robisz w ciągu dnia?

Zapamiętaj

Najwspanialszą „górą modlitwy" jest Msza Święta. W czasie Eucharystii Bóg napełnia cię swą mocą i posyła „na równinę" twych codziennych obowiązków, do ludzi, którym powinieneś służyć dobrymi uczynkami.

Zadanie

Napisz, o czym w dzisiejszej wieczornej modlitwie porozmawiasz z Bogiem.

33. Jezioro Genezaret – uciszenie burzy

Jezioro Tyberiadzkie jest też nazywane Jeziorem Genezaret albo Jeziorem Galilejskim. Jest położone na północy kraju w Galilei, przepływa przez nie rzeka Jordan. Ma 21 km długości i 13 km szerokości i jest tak dużym, że niektórzy nazywają je Morzem Galilejskim.

Wyobraź sobie, że jesteś nad brzegiem wielkiego jeziora, świeci słońce, niebo jest pogodne, panuje cisza i spokój. Po jeziorze spokojnie pływają łodzie. Widzisz na brzegu jedną wolną łódkę, wsiadasz do niej i chcesz przepłynąć na drugi brzeg jeziora. Lekki wiaterek smaga twoją twarz, woda radośnie chlupie pod wiosłami. Jesteś na środku jeziora. Nagle niebo ogarniają ciemne chmury, zrywa się gwałtowny wicher, zaczyna padać deszcz, słychać grzmoty, pojawiają się błyskawice. Fale uderzają o łódkę. Zaczyna się wlewać do niej woda. Mocno wiosłujesz, aby dopłynąć do brzegu. Pilnujesz, aby łódka się nie wywróciła. Jest bardzo niebezpiecznie.

Pewnego dnia, gdy zapadł wieczór, Jezus rzekł do apostołów:

„Przeprawmy się na drugą stronę". Zostawili więc tłum, a Jego zabrali, tak jak był w łodzi. Także inne łodzie płynęły z Nim. A nagle zerwał się gwałtowny wicher. Fale biły w łódź, tak że łódź już się napełniała wodą. On zaś spał w tyle łodzi na wezgłowiu. Zbudzili Go i powiedzieli do Niego: „Nauczycielu, nic Cię to nie obchodzi, że giniemy?" On, powstawszy, zgromił wicher i rzekł do jeziora: „Milcz, ucisz się!" Wicher się uspokoił i nastała głęboka cisza. Wtedy rzekł do nich: „Czemu tak bojaźliwi jesteście? Jakże brak wam wiary!" Oni zlękli się bardzo i mówili między sobą: „Kim On jest właściwie, że nawet wicher i jezioro są Mu posłuszne?".

(Mk 4,35-41)

Apostołowie nie rozumieli, dlaczego Jezus tak spokojnie spał w łodzi, kiedy oni walczyli z wichrem podczas burzy. Zabrakło im wiary, zapomnieli o mocy Jezusa i cudach, jakie wcześniej czynił. Zrozumieli jednak, że Pan Jezus jest Bogiem i gdy jest z nimi, nie muszą się niczego bać, mogą Mu zaufać w każdej sytuacji.

Nasze życie jest podobne do łódki płynącej po jeziorze. Gdy jesteśmy szczęśliwi, otrzymujemy dobre oceny, mamy dobrych kolegów, jesteśmy zdrowi i przeżywamy radosne chwile, to nasza łódka płynie spokojnie po jeziorze. Ale czasem przydarzają się nam sytuacje trudne, a nawet niebezpieczne, których się boimy.

Jezioro Genezaret

Zaśpiewaj

Nie bój się, nie lękaj się.
Bóg sam wystarczy.

Módl się

Bóg jest moją ochroną, gdy się lękam.
Kogo miałbym się bać?
Ludzi? Samotności?
Bóg jest silniejszy.
Bóg jest ze mną.
Nie opuszczaj mnie, Boże!
Gdy jesteś przy mnie, jestem odważny.
Gdy mi pomagasz, jestem silny.
Cieszę się, że jesteś.

Warto wiedzieć

Cud to niezwykłe zjawisko, przez które Bóg daje ludziom znak, aby umocnić ich wiarę.

Zastanów się

– Kiedy powierzasz Jezusowi swoje obawy i lęki?
– W jaki sposób Pan Jezus dodaje nam odwagi do pokonywania strachu i wszelkich trudności?

Zapamiętaj

Jezus zna nasze zmartwienia i lęki i wie, czego się boimy. Chce jednak, abyśmy pamiętali, że jest obecny w naszym życiu. Wielka moc, jaką posiada Jezus, uwalnia ludzi od strachu.

Zadanie

Podziękuj Panu Jezusowi za to, że zawsze jest z tobą, oraz za to, że w każdej chwili możesz prosić Go o pomoc.

34 | Kafarnaum – wystarczy wierzyć

Wyruszamy w podróż do miasta Kafarnaum, leżącego nad Jeziorem Genezaret. Stacjonuje tu oddział rzymskich żołnierzy pod dowództwem setnika. W tym mieście przez pewien czas mieszkał, nauczał i działał Pan Jezus. Przeczytaj fragment Pisma Świętego o uzdrowieniu pewnego człowieka.

> Jezus wszedł do Kafarnaum. Sługa pewnego setnika, szczególnie przez niego ceniony, chorował i bliski był śmierci. Skoro setnik posłyszał o Jezusie, wysłał do Niego starszyznę żydowską z prośbą, żeby przyszedł i uzdrowił mu sługę. Ci zjawili się u Jezusa i prosili Go usilnie: „Godzien jest, żebyś mu to wyświadczył – mówili – miłuje bowiem nasz naród i sam zbudował nam synagogę". Jezus przeto zdążał z nimi. A gdy był już niedaleko domu, setnik wysłał do Niego przyjaciół ze słowami: „Panie, nie trudź się, bo nie jestem godzien, abyś wszedł pod dach mój. I dlatego ja sam nie uważałem się za godnego przyjść do Ciebie. Lecz powiedz słowo, a mój sługa odzyska zdrowie. Bo i ja, choć podlegam władzy, mam pod sobą żołnierzy. Mówię temu: «Idź!» – a idzie; drugiemu: «Przyjdź!» – a przychodzi; a mojemu słudze: «Zrób to!» – a robi". Gdy Jezus to usłyszał, zadziwił się i zwróciwszy się do tłumu, który szedł za Nim, rzekł: „Powiadam wam: Tak wielkiej wiary nie znalazłem nawet w Izraelu". A gdy wysłańcy wrócili do domu, zastali sługę zdrowego.
>
> (Łk 7,1-10)

Setnik był kimś ważnym w Kafarnaum. Jako rzymski oficer stał na straży porządku w mieście. Wydawał rozkazy, które musiały być wykonane. Jednak nie czuł się on godzien, aby stanąć przed Jezusem twarzą w twarz. Swą prośbę przekazał przez przyjaciół, wierząc głęboko w moc Jezusowego słowa. Jego wiara wystarczyła, aby mógł cieszyć się łaską uzdrowienia sługi. Pan Jezus dokonał cudu, nie wchodząc nawet do domu chorego.

Słowo Jezusa ma moc uzdrowienia zarówno ciała, jak i duszy człowieka. Z naszej strony potrzebna jest mocna wiara i skierowana do Jezusa pokorna prośba.

Podczas Mszy Świętej kapłan wypowiada słowa „Oto Baranek Boży, który gładzi grzechy świata, błogo-

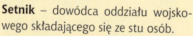

Warto wiedzieć

Setnik – dowódca oddziału wojskowego składającego się ze stu osób.
Synagoga – miejsce zebrań i nabożeństw żydowskich, miejsce modlitwy.

sławieni, którzy zostali wezwani na ucztę Baranka", a zebrani dopowiadają „Panie nie jestem godzien, abyś przyszedł do mnie, ale powiedz tylko słowo, a będzie uzdrowiona dusza moja".

Mówiąc te słowa, podobnie jak setnik wyznajemy wiarę w to, że Jezus ma moc czynienia cudów. Każde spotkanie z Jezusem jest dla nas darem. Takim spotkaniem jest przyjęcie Go w Komunii Świętej. Wtedy Jezus uzdrawia nas i umacnia na drodze życia.

Zastanów się

– Jak często prosisz Jezusa, by uzdrowił twoją duszę?
– Jak często robisz rachunek sumienia?
– Czy spowiadasz się systematycznie?

Zapamiętaj

Warunki przyjęcia Jezusa w Komunii Świętej:
– stan łaski uświęcającej (jeżeli w niej nie jesteśmy – pójście do spowiedzi),
– zachowanie postu eucharystycznego.

Zadanie

1. Napisz dokładną datę twojej pierwszej Komunii Świętej (znajdziesz ją na obrazku komunijnym).
2. Opisz, co przedstawia twój obrazek z dnia pierwszej Komunii Świętej.
3. Pomódl się za osobę cierpiącą w twoim otoczeniu.
4. Napisz, co rozumiesz przez zdrowie duszy: kto ją leczy i dlaczego o nią dbamy.

35 Na pustkowiu – niespotykana uczta

Głodni są blisko nas. Na pewno są w twojej szkole dzieci, które przychodzą bez śniadania, bo rodzice nie mają za co kupić jedzenia. Wśród sąsiadów także znajdzie się ktoś, komu brakuje na podstawowe potrzeby. Są także całe kraje, gdzie głodują tysiące, a nawet setki tysięcy osób. Tak jest na przykład w krajach afrykańskich, gdzie brak deszczu powoduje nieurodzaj i ludzie umierają z głodu. Wśród nich są także dzieci. Głód jest dla człowieka bardzo trudnym doświadczeniem.

Dzień począł się chylić ku wieczorowi. Wtedy przystąpiło do Jezusa Dwunastu, mówiąc: „Odpraw tłum; niech idą do okolicznych wsi i zagród, gdzie mogliby się zatrzymać i znaleźć żywność, bo jesteśmy tu na pustkowiu". Lecz On rzekł do nich: „Wy dajcie im jeść!" Oni zaś powiedzieli: „Mamy tylko pięć chlebów i dwie ryby; chyba że pójdziemy i zakupimy żywności dla wszystkich tych ludzi". Było bowiem mężczyzn około pięciu tysięcy. Wtedy rzekł do swych uczniów: „Każcie im rozsiąść się gromadami, mniej więcej po pięćdziesięciu". Uczynili tak i porozsadzali wszystkich. A On wziął te pięć chlebów i dwie ryby, spojrzał w niebo i odmówiwszy nad nimi błogosławieństwo, połamał i dawał uczniom, by podawali tłumowi. Jedli i nasycili się wszyscy, a zebrano jeszcze z tego, co im zostało, dwanaście koszów ułomków.

(Łk 9,12-17)

Pan Jezus rozmnożył chleb i nakarmił nim słuchających Go ludzi. To było wielkie wydarzenie! Ten cud zapowiadał, że w przyszłości pokarmem będzie Ciało i Krew Jezusa. Pan Jezus często mówił o zaproszeniu na ucztę. W ten sposób przygotował ludzi do przyjmowania Go w postaciach eucharystycznych. Codziennie poprzez kapłanów Jezus błogosławi chleb, mówiąc: „Bierzcie i jedzcie, to jest Ciało moje".

Msza Święta jest ucztą. Wszyscy jesteśmy na nią zaproszeni. Spożywamy wówczas Ciało Pana Jezusa, a On sam nas zapewnia:

> Kto spożywa Moje Ciało i pije Moją Krew ma życie wieczne.
> (J 6,54)

Czy wiesz, że...
Za czasów Jezusa chleb i ryby były głównym pokarmem ludzi ubogich.

 ### Zaśpiewaj

Nie zabraknie mi nigdy chleba,
nie zabraknie mi nigdy wody,
bo Ty jesteś chlebem z nieba.
Jezu jesteś źródłem mym.

 ### Zastanów się

– Czy dostrzegasz wokół siebie ludzi, którzy są głodni?
– Jak często przyjmujesz Ciało Jezusa w Komunii Świętej?

 ### Zapamiętaj

Rozmnożenie chleba było zapowiedzią Eucharystii. Jezus Chrystus zaprasza nas na ucztę, na której karmi nas swoim Ciałem pod postacią chleba.

 ### Zadanie

1. Ułóż modlitwę, w której podziękujesz Panu Jezusowi za to, że jednoczy się z nami w Komunii Świętej.
2. Zapytaj rodziców, co robią z resztkami chleba.

36 | Tabor – Góra Przemienienia

Wyprawa w góry jest fascynującym przeżyciem – pozwala odkryć piękno przyrody i zachwycić się nim. Jednak aby wrócić bezpiecznie w doliny, trzeba być do tej wyprawy odpowiednio przygotowanym. Należy wziąć ze sobą zapas żywności i wody, ponieważ podczas wędrówki w górę nasz organizm potrzebuje więcej energii niż zazwyczaj. Trzeba też mieć odpowiednie ubranie, gdyż pogoda w górach bywa zmienna. Jeżeli nie znamy trasy, potrzebny jest również przewodnik.

Przeczytaj, w jakim celu Pan Jezus wybrał się ze swoimi uczniami na górę Tabor.

Jezus wziął z sobą Piotra, Jana i Jakuba i wyszedł na górę, aby się modlić. Gdy się modlił, wygląd Jego twarzy się odmienił, a Jego odzienie stało się lśniąco białe. A oto dwóch mężów rozmawiało z Nim. Byli to Mojżesz i Eliasz. Ukazali się oni w chwale i mówili o Jego odejściu, którego miał dopełnić w Jeruzalem. Tymczasem Piotr i towarzysze snem byli zmorzeni. Gdy się ocknęli, ujrzeli Jego chwałę i obydwu mężów, stojących przy Nim. Gdy oni się z Nim rozstawali, Piotr rzekł do Jezusa: „Mistrzu, dobrze, że tu jesteśmy. Postawimy trzy namioty: jeden dla Ciebie, jeden dla Mojżesza i jeden dla Eliasza". Nie wiedział bowiem, co mówi. Gdy jeszcze to mówił, pojawił się obłok i osłonił ich; zlękli się, gdy weszli w obłok. A z obłoku odezwał się głos: „To jest Syn mój, Wybrany, Jego słuchajcie!" W chwili gdy odezwał się ten głos, okazało się, że Jezus jest sam. A oni zachowali milczenie i w owym czasie nikomu nic nie opowiedzieli o tym, co zobaczyli.

(Łk 9,28-36)

Trud wędrówki Piotra, Jakuba i Jana na górę Tabor opłacił się. Choć na początku trochę poddali się zmęczeniu i senności, chwilę później mogli się przekonać, kim naprawdę jest ich Mistrz. To umiłowany Syn Boży, który przyszedł na ziemię, aby wszystkich wierzących w Niego uczynić dziećmi Bożymi. Apostołowie otrzymali również wiadomość od samego Boga, który nakazał im: „Jego słuchajcie!".

Bóg kieruje te słowa również do każdego z nas. Jesteś więc umiłowanym dzieckiem Pana Boga. Jezus zaprasza cię na wspólną wędrówkę. Jego szlak nieraz wiedzie pod górę, a to wiąże się z pewnym wysiłkiem. Słuchanie Jezusa i naśladowanie Go nie zawsze jest łatwe. Warto jednak

podjąć ten trud. Na początek niech nim będzie twój aktywny udział w lekcjach religii. Możesz też dodatkowo w domu czytać Pismo Święte lub inne książki o Jezusie. One przybliżą ci Jego naukę i zachęcą do czynienia dobra. W ten sposób pod przewodnictwem Jezusa będzie przemieniać się twoje życie. Oczywiście ważna jest też systematyczna modlitwa. Ale najbardziej przemienia człowieka przyjmowanie Pana Jezusa w Komunii Świętej.

 ## Zaśpiewaj

Ukaż mi, Panie, swą twarz,
daj mi usłyszeć Twój głos,
bo słodki jest Twój głos
i twarz pełna wdzięku.
Ukaż mi, Panie, swą twarz.

Czy wiesz, że...

W Piśmie Świętym słowo „góra" pojawia się ponad 600 razy.

 ## Zastanów się

– Czy wiesz, że tylko dzięki Panu Jezusowi masz szansę być naprawdę szczęśliwym?
– Czy wiesz, że tylko dzięki Panu Jezusowi masz szansę żyć tak, że inni ludzie będą się dobrze czuli w twoim towarzystwie?
– Czy regularnie spotykasz się ze swoim Przewodnikiem na modlitwie?

 ## Zapamiętaj

Pan Jezus przemienił się na oczach Piotra, Jakuba i Jana, aby pokazać, że jest Synem Bożym. Tę tajemnicę przypominamy co roku 6 sierpnia – w święto Przemienienia Pańskiego.

 ## Zadanie

Sporządź plan przemiany swojego życia. Najpierw zastanów się, co najbardziej przeszkadza ci w naśladowaniu Jezusa, a następnie napisz, w jaki sposób chcesz to zmienić.

37 | Góra Błogosławieństw — wskazówki na drodze do szczęścia

Góry budzą w człowieku podziw i lęk. Zachwycamy się ich potęgą i tajemniczością i doskonale wiemy, że nie każdy stanie na szczycie. Dlaczego? Aby osiągnąć szczyt, trzeba pokonać wiele przeciwności, włożyć ogromny wysiłek, przełamać swoje lenistwo, słabości. Jednak są tacy, którzy podejmują trud wspinaczki, by przeżyć to, czego wielu ludzi nigdy nie doświadczy. Podobne cechy są potrzebne, aby osiągnąć szczyty ludzkich możliwości w różnych dziedzinach. Najlepiej widać to w sporcie. Ktoś zwycięża, bije rekord, a po pewnym czasie ktoś inny jest lepszy, skoczy dalej, pobiegnie szybciej. Człowiek, który osiągnął wyznaczony cel, czuje się szczęśliwy. Co znaczy być szczęśliwym według Boga?

Pewnego razu Pan Jezus wszedł na górę, którą my nazywamy Górą Błogosławieństw, i tam nauczał.

Jezus, widząc tłumy, wyszedł na górę. A gdy usiadł, przystąpili do Niego Jego uczniowie. Wtedy otworzył swoje usta i nauczał ich tymi słowami:
„Błogosławieni ubodzy w duchu, albowiem do nich należy królestwo niebieskie.
Błogosławieni, którzy się smucą, albowiem oni będą pocieszeni.
Błogosławieni cisi, albowiem oni na własność posiądą ziemię.
Błogosławieni, którzy łakną i pragną sprawiedliwości, albowiem oni będą nasyceni.
Błogosławieni miłosierni, albowiem oni miłosierdzia dostąpią.
Błogosławieni czystego serca, albowiem oni Boga oglądać będą.
Błogosławieni, którzy wprowadzają pokój, albowiem oni będą nazwani synami Bożymi.
Błogosławieni, którzy cierpią prześladowanie dla sprawiedliwości, albowiem do nich należy królestwo niebieskie.
Błogosławieni jesteście, gdy ludzie wam urągają i prześladują was i gdy z mego powodu mówią kłamliwie wszystko złe o was".

(Mt 5,1-11)

Błogosławieni to ludzie szczęśliwi, podobający się Bogu, zjednoczeni z Nim. Jezus pokazuje drogę do tego szczęścia. Prowadzi ona przez ubó-

Warto wiedzieć

Błogosławiąc kogoś w imię Boże, przyczyniasz się do jego szczęścia.

Góra Błogosławieństw

stwo duchowe, smutek, cichość, pragnienie sprawiedliwości, czystość serca, pokój. Jest to droga trudna, ale warto ją wybrać. Osiem błogosławieństw to program życia dla odważnych i wytrwałych.

 ### Zaśpiewaj

Niechaj Pan cię dziś błogosławi.
Niechaj da ci pokój swój.
Jego miłość napełni twoje serce
teraz i na zawsze.

 **Czy wiesz, że...**

Błogosławiony – to po łacinie *beatus*, co znaczy szczęśliwy. Od tego wyrazu pochodzi imię Beata – szczęśliwa, błogosławiona.

 ### Zastanów się

– Czy Pan Jezus może o tobie powiedzieć, że jesteś błogosławiony?

 ### Zapamiętaj

Pan Jezus w swoich błogosławieństwach ukazuje nam, czym powinien się kierować prawdziwy chrześcijanin. Wypełniając błogosławieństwa, możemy się spodziewać wielkiej nagrody, która jest w niebie.

 ### Zadanie

Zilustruj jedno wybrane błogosławieństwo.

38 | Betania – przy grobie

Pan Jezus podczas ziemskiego życia przeżył śmierć bliskiej osoby. Powędrujemy z Nim do Betanii, wsi leżącej na zboczu Góry Oliwnej, około 3 km od Jerozolimy. Mieszkała tam rodzina, z którą Jezus się przyjaźnił: siostry Marta i Maria oraz ich brat Łazarz. Był to dom bardzo gościnny, pełen życzliwości i miłości. Jezus lubił tam przebywać.

Kiedyś Łazarz ciężko zachorował, więc siostry posłały Jezusowi wiadomość. Niestety, kiedy Jezus przybył do Betanii, Łazarz już nie żył. Przeczytaj, co św. Jan napisał o tym wydarzeniu w Ewangelii.

Kiedy Jezus tam przybył, zastał Łazarza już od czterech dni spoczywającego w grobie. Marta rzekła do Jezusa: „Panie, gdybyś tu był, mój brat by nie umarł. Lecz i teraz wiem, że Bóg da Ci wszystko, o cokolwiek byś prosił Boga". Rzekł do niej Jezus: „Brat twój zmartwychwstanie". Marta Mu odrzekła: „Wiem, że powstanie z martwych w czasie zmartwychwstania w dniu ostatecznym". Powiedział do niej Jezus: „Ja jestem zmartwychwstaniem i życiem. Kto we Mnie wierzy, to choćby umarł, żyć będzie. Każdy, kto żyje i wierzy we Mnie, nie umrze na wieki. Wierzysz w to?" Odpowiedziała Mu: „Tak, Panie! Ja mocno wierzę, że Ty jesteś Mesjasz, Syn Boży, który miał przyjść na świat". A gdy Maria przyszła na miejsce, gdzie był Jezus, ujrzawszy Go, padła Mu do nóg. Gdy więc Jezus zobaczył ją płaczącą i płaczących Żydów, którzy razem z nią przyszli, wzruszył się w duchu, rozrzewnił i zapłakał. Ponownie okazując głębokie wzruszenie, przyszedł do grobu. Była to pieczara, a na niej spoczywał kamień. Jezus powiedział: „Usuńcie kamień!" Usunięto więc kamień. Jezus wzniósł oczy do góry i rzekł: „Ojcze, dziękuję Ci, że Mnie wysłuchałeś". To powiedziawszy, zawołał donośnym głosem: „Łazarzu, wyjdź na zewnątrz!" I wyszedł zmarły, mając nogi i ręce przewiązane opaskami, a twarz jego była owinięta chustą. Rzekł do nich Jezus: „Rozwiążcie go i pozwólcie mu chodzić!".

(J 11,17.21-27.32-35.38-39.41.44)

Jezus pokazał wobec zgromadzonych ludzi, że jest Synem Bożym, który ma władzę nad śmiercią. Wskrzeszenie Łazarza to zapowiedź zmartwychwstania Jezusa. Wskrzesił On swojego przyjaciela, żeby mógł żyć dalej: jeść, pracować, pomagać swoim siostrom, radować się. Wskrzesić to znaczy przywrócić na pewien czas do życia ciało zmarłego. Wiele lat później Łazarz musiał umrzeć.

Przez śmierć przeszedł również Jezus, ale zupełnie inaczej. On zmartwychwstał, to znaczy przeszedł ze stanu śmierci do innego, wiecznego życia bez końca. Łazarz miał po wskrzeszeniu takie samo ciało jak wcześniej, Jezus inne – doskonałe, chwalebne. Mógł więc być widzialny lub niewidzialny, mógł przechodzić przez zamknięte drzwi i być w wielu miejscach jednocześnie, mógł jeść, ale nie musiał.

Wszyscy kiedyś umrzemy, ale nasza podróż nie skończy się na cmentarzu, bo Jezus obiecał nam zmartwychwstanie i życie wieczne. Nasza podróż do nieba wciąż trwa.

Zastanów się

– Co trzeba uczynić, aby żyć wiecznie w niebie?
– Dlaczego warto wierzyć i przyjaźnić się z Jezusem tak, jak przyjaźniło się rodzeństwo z Betanii?

Zapamiętaj

Pan Jezus, wskrzeszając Łazarza, potwierdził swoje słowa: „Ja jestem zmartwychwstaniem i życiem. Kto we Mnie wierzy, to choćby umarł, żyć będzie" (J 11,25).

Zadanie

1. Napisz, z kim chciałbyś się spotkać w niebie – „niebiańskiej Betanii".
2. Napisz, jakie „cegiełki", czyli dobre uczynki wysłałeś w tym tygodniu do nieba?

39 Lourdes – troska o chorych

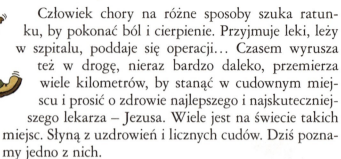

Człowiek chory na różne sposoby szuka ratunku, by pokonać ból i cierpienie. Przyjmuje leki, leży w szpitalu, poddaje się operacji... Czasem wyrusza też w drogę, nieraz bardzo daleko, przemierza wiele kilometrów, by stanąć w cudownym miejscu i prosić o zdrowie najlepszego i najskuteczniejszego lekarza – Jezusa. Wiele jest na świecie takich miejsc. Słyną z uzdrowień i licznych cudów. Dziś poznamy jedno z nich.

Lourdes (czytaj: Lurd) to małe miasteczko u stóp Pirenejów, liczące ponad 16 tysięcy mieszkańców. Na pozór nie różni się niczym od wielu innych podobnych miasteczek na południowym zachodzie Francji. A jednak Lourdes to miejsce, do którego pielgrzymuje co roku około 6 milionów ludzi z ponad 150 krajów świata. Są wśród nich młodzi i starsi, chorzy i zdrowi, wierzący i niewierzący, sprawiedliwi i grzesznicy. Czego szukają w tym miejscu? Przyjeżdżają, by prosić Boga przez Maryję o dar uzdrowienia chorego ciała i duszy.

Wszystko zaczęło się 11 lutego 1858 r., gdy Bernadecie Soubirous (czytaj: Subiru), córce ubogiego młynarza, objawiła się Matka Boża. „Kiedy Ją zobaczyłam przetarłam oczy, sądząc, że mi się przywidziało. Zaraz też włożyłam rękę do kieszonki i znalazłam swój różaniec, jednak nie mogłam się przeżegnać. Dopiero kiedy Pani uczyniła znak krzyża, wtedy i ja spróbowałam i udało się. Zaczęłam odmawiać różaniec". Objawienia te dały początek słynnemu sanktuarium w Lourdes. Dziś tam, tak jak kiedyś w Palestynie, Jezus na prośbę swojej Matki uzdrawia chorych.

Ludzie modlący się przy Grocie Objawień Matki Bożej

I obchodził Jezus całą Galileę, nauczając w tamtejszych synagogach, głosząc Ewangelię o królestwie i lecząc wszystkie choroby i wszelkie słabości wśród ludu. A wieść o Nim rozeszła się po całej Syrii. Przynoszono więc do Niego wszystkich cierpiących, których nękały rozmaite choroby i dolegliwości: opętanych, epileptyków i paralityków. A On ich uzdrawiał.

(Mt 4,23-24)

Matka Boża przedstawiła się Bernadecie, mówiąc: „Jestem Niepokalane Poczęcie". Podczas 18 spotkań, Maryja przypomniała światu o wezwaniu Jezusa do pokuty, nawrócenia i modlitwy za grzeszników. Prosiła Bernadetę, by powtarzała jej słowa innym:

„Módlcie się do Boga za grzeszników. Idźcie ucałować ziemię w geście pokuty za grzeszników".

Sanktuarium w Lourdes

Warto wiedzieć
Uroczystość Niepokalanego Poczęcia Najświętszej Maryi Panny obchodzimy 8 grudnia.

 ## Módl się

Matko Boża z Lourdes, modlę się za wszystkich chorych i cierpiących. Pomóż im, aby każdego dnia odkrywali sens swojego cierpienia i swój udział w zbawczej miłości Jezusa. Niech moc Boża daje im siłę do przyjmowania bólu z nadzieją i pokojem serca. Amen. Maryjo, uzdrowienie chorych, módl się za nami...

 ## Zastanów się

– Jak często dziękujesz Bogu za dar zdrowia?
– Czy masz odwagę stanąć w obronie słabszego, wyśmiewanego z powodu słabości lub niepełnosprawności?
– Co chciałbyś poprawić w swojej postawie wobec ludzi starszych i chorych?

 ## Zapamiętaj

11 lutego każdego roku, w rocznicę pierwszego objawienia Maryi w Lourdes, obchodzimy Światowy Dzień Chorego.

 ## Zadanie

Na podstawie ilustracji w podręczniku przedstawiającej figurę Maryi opisz wygląd Matki Bożej, która ukazała się w Lourdes.

Sprawdź swoją wiedzę

1. Pan Bóg posłał anioła Gabriela do Maryi, która mieszkała w:
   a) Jerozolimie,   b) mieście Nazaret,
   c) Sychem.

2. Maryja poszła do Ain Karim, aby:
   a) kupić na targu ubranka dla swego dziecka,
   b) pomóc krewnej Elżbiecie spodziewającej się narodzin syna,
   c) przygotować uroczystość rodzinną.

3. Jezus narodził się w Betlejem:
   a) w pałacu królewskim,
   b) w bogatej gospodzie,
   c) w ubogiej grocie ze żłobem.

4. Czas, gdy Jezus mieszkał z Maryją i Józefem w Nazarecie, nazywamy:
   a) ukrytym życiem Jezusa,
   b) tajemniczym okresem,
   c) życiem beztroskim Jezusa.

5. Dwunastoletni Jezus pielgrzymował do świątyni znajdującej się w:
   a) Nazarecie,   b) Jerozolimie,
   c) Betlejem.

6. Pan Jezus w rzece Jordan:
   a) obmył się z kurzu,
   b) złowił dużą rybę,
   c) przyjął chrzest od Jana.

7. Modlitwa była dla Jezusa:
   a) źródłem mocy,
   b) możliwością odpoczynku,
   c) czasem spotkania z uczniami.

8. Na prośbę uczniów podczas burzy na jeziorze Jezus:
   a) rozdawał parasolki,
   b) zgromił wicher i uciszył jezioro,
   c) zarządził opuszczenie łodzi.

9. Setnik poprosił Jezusa o uzdrowienie swego sługi przez przyjaciół, ponieważ:
   a) nie czuł się godzien stanąć przed Jezusem twarzą w twarz,
   b) zatrzymały go ważne sprawy wojskowe,
   c) sam się rozchorował.

10. Widząc, że słuchający Go ludzie są głodni, Pan Jezus:
    a) posłał uczniów na targ po żywność,
    b) poprosił swoją Matkę o przygotowanie posiłku,
    c) nakarmił ich, rozmnażając pięć chlebów i dwie ryby.

11. Jezus przemienił się na górze Tabor w obecności Piotra, Jakuba i Jana, aby:
    a) ich przestraszyć,
    b) pokazać im, że jest Synem Bożym,
    c) mieli o czym opowiadać.

12. Droga do szczęścia według ośmiu błogosławieństw to:
    a) upominanie innych,
    b) walka o swoje prawa,
    c) życie w ubóstwie, czystości, pokoju, sprawiedliwości...

13. Pan Jezus po przyjściu do grobu Łazarza:
    a) wskrzesił go, czyli przywrócił do życia,
    b) zaśpiewał żałobną pieśń,
    c) rozpoczął obrzęd balsamowania ciała.

14. W Lourdes, w miejscu objawienia się Maryi Bernadecie Soubirous, ludzie:
    a) piją ze źródła wodę mineralną,
    b) proszą Boga o uzdrowienie z chorób ciała i duszy,
    c) leczą się w szpitalu.

V
Droga pokuty

To nie gwoździe Cię przybiły,
lecz mój grzech.
To nie ludzie Cię skrzywdzili,
lecz mój grzech.
To nie gwoździe Cię trzymały,
lecz mój grzech.
Choć tak dawno to się stało,
widziałeś mnie.

40 Nie tak szybko! – popielcowy przystanek

Ludziom dorosłym ciągle brakuje czasu. Są zapracowani, wciąż za czymś gonią. Również dzieci mają wiele obowiązków. Chodzą do szkoły, mają dodatkowe zajęcia, odwiedzają dziadków, spotykają się z kolegami. W tym zabieganiu łatwo przeoczyć to, co jest najważniejsze, łatwo zgubić właściwą drogę, która prowadzi do wiecznego szczęścia. Dlatego wszystkim potrzebny jest przystanek, by zastanowić się, dokąd tak pędzimy. Dobrą okazją do tego jest Środa Popielcowa – dzień, gdy w kościele słyszymy: „Prochem jesteś i w proch się obrócisz" oraz: „Nawracajcie się i wierzcie w Ewangelię". Na te słowa pochylamy głowy,

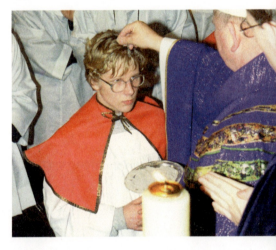

a ksiądz sypie na nie szczyptę popiołu. Ten znak przypomina nam, że nasze życie na ziemi kiedyś się skończy. Przypomina o konieczności pokuty za grzechy, które popełniamy.

Środa Popielcowa rozpoczyna Wielki Post. To jakby drzwi, przez które wchodzimy w 40 dni pokuty, podejmując trud nawrócenia swojego serca.

Czy wiesz, że...

Wielki Post trwa czterdzieści dni na pamiątkę czterdziestodniowego postu Jezusa na pustyni.

> Nawróćcie się do Mnie całym swym sercem,
> przez post i płacz, i lament.
> Rozdzierajcie jednak serca wasze, a nie szaty!
> Nawróćcie się do Pana, Boga waszego!
> On bowiem jest litościwy, miłosierny,
> nieskory do gniewu i bogaty w łaskę,
> a lituje się nad niedolą.
>
> (Jl 2,12-13)

Nawrócenie jest porzuceniem niewłaściwej drogi i wejściem na drogę prowadzącą do Boga. Pomaga w tym post i modlitwa. Jezus podczas ostatniej nocy przed swoją śmiercią modlił się i o to samo prosił uczniów. Do nas także zwraca się z prośbą:

> Módlcie się, abyście nie ulegli pokusie.
> (Łk 22,46)

Warto wiedzieć

Post – dobrowolna praktyka religijna polegająca na częściowej lub całkowitej rezygnacji z określonych posiłków i napojów. Pomaga w otwieraniu się na Boga i dostrzeganiu potrzeb innych ludzi.

 ## Zastanów się

– Które z twoich myśli i czynów mogą nie podobać się Bogu?
– Co pomoże ci się nawrócić?
– Jakie postanowienie podejmiesz na czas Wielkiego Postu?

 ## Zapamiętaj

Podczas Wielkiego Postu wspólnie z Jezusem przeżywamy Jego drogę krzyżową i śmierć.

 ## Zadanie

Wyruszasz na drogę Wielkiego Postu. Wypisz nabożeństwa, na które wybierzesz się podczas tych czterdziestu dni.

41 Pustynia Judzka – walka z pokusami

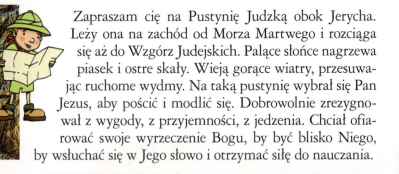

Zapraszam cię na Pustynię Judzką obok Jerycha. Leży ona na zachód od Morza Martwego i rozciąga się aż do Wzgórz Judejskich. Palące słońce nagrzewa piasek i ostre skały. Wieją gorące wiatry, przesuwając ruchome wydmy. Na taką pustynię wybrał się Pan Jezus, aby pościć i modlić się. Dobrowolnie zrezygnował z wygody, z przyjemności, z jedzenia. Chciał ofiarować swoje wyrzeczenie Bogu, by być blisko Niego, by wsłuchać się w Jego słowo i otrzymać siłę do nauczania.

> Wtedy Duch wyprowadził Jezusa na pustynię, aby był kuszony przez diabła. A gdy pościł już czterdzieści dni i czterdzieści nocy, poczuł w końcu głód. Wtedy przystąpił kusiciel i rzekł do Niego: „Jeśli jesteś Synem Bożym, powiedz, żeby te kamienie stały się chlebem". Lecz On mu odparł: „Napisane jest: Nie samym chlebem żyje człowiek, ale każdym słowem, które pochodzi z ust Bożych".
>
> Wtedy wziął Go diabeł do Miasta Świętego, postawił na narożniku świątyni i rzekł Mu: „Jeśli jesteś Synem Bożym, rzuć się w dół, napisane jest bowiem: Aniołom swoim da rozkaz co do ciebie, a na rękach nosić cię będą, byś przypadkiem nie uraził swej nogi o kamień". Odrzekł mu Jezus: „Ale napisane jest także: Nie będziesz wystawiał na próbę Pana, Boga swego".
>
> Jeszcze raz wziął Go diabeł na bardzo wysoką górę, pokazał Mu wszystkie królestwa świata oraz ich przepych i rzekł do Niego: „Dam Ci to wszystko, jeśli upadniesz i oddasz mi pokłon". Na to odrzekł mu Jezus: „Idź precz, szatanie! Jest bowiem napisane: Panu, Bogu swemu, będziesz oddawał pokłon i Jemu samemu służyć będziesz". Wtedy opuścił Go diabeł, a oto przystąpili aniołowie i usługiwali Mu.
>
> (Mt 4,1-11)

Post Jezusa nie podobał się szatanowi, który jest nieprzyjacielem Boga. Ten podstępny duch chce zła na świecie. Wiedząc, ile dobra wyniknie z postu i modlitwy, postanowił kusić Jezusa, czyli nakłonić Go do odstąpienia od podjętego trudu. Jezus, odrzucając pokusy zaspokojenia głodu, wygody, bogactwa, władzy i sławy, pokazuje, że Jego misją jest nasze zbawienie. Dokona tego na drodze wyrzeczenia i ofiary. To jest najskuteczniejszy sposób walki ze złem. Tym samym Jezus uczy nas zmagać się z pokusami, które podsuwa nam szatan. Tylko ten, kto walczy ze swoimi słabościami, trwa na drodze do nieba. Jedynie ten, kto w swym zmaganiu opiera się na Jezusie, odniesie zwycięstwo.

Czasem szczególnej pracy nad sobą jest Wielki Post. Powstrzymujemy się wówczas od udziału w zabawach i pokutujemy, czyli wynagradzamy Bogu za nasze grzechy. Rezygnujemy z tego, co przyjemne, ale niekonieczne lub niezdrowe. Zaoszczędzone na przyjemnościach pieniądze składamy do skarbonki Caritas. W ten sposób nasze wyrzeczenia przyniosą wsparcie potrzebującym. Staramy się podjąć walkę ze złymi przyzwyczajeniami i lenistwem. Więcej czasu poświęcamy na modlitwę i udział w nabożeństwach wielkopostnych.

 ## Zaśpiewaj

Jezus zwyciężył, to wykonało się,
szatan pokonany, Jezus złamał śmierci moc.
Jezus jest Panem. O Alleluja!
Po wieczne czasy Królem królów jest.
Jezus jest Panem, Jezus jest Panem. /x2
Tylko Jezus jest Panem, Jezus jest Panem,
On jest Panem ziemi tej.

 ## Zastanów się

– Dlaczego powinieneś nauczyć się rezygnowania z przyjemności?
– Dlaczego nie możesz żądać od Pana Boga, by spełniał wszystkie twoje życzenia?

 ## Zapamiętaj

Postanowienia i wyrzeczenia wielkopostne uczą przyjmować to, co trudne, ale wartościowe. Pomagają być silniejszym człowiekiem, przybliżają do Boga i uczą zwyciężać pokusy.

 ## Zadanie

Narysuj w zeszycie krzyż, na którym będziesz zaznaczał realizację postanowień i wyrzeczeń wielkopostnych. Z podanych propozycji wybierz znaki, którymi będziesz je oznaczał. Możesz dodać swoje symbole.

- ✿ – modlitwa
- ✹ – Msza św.
- ✝ – droga krzyżowa, dzień .... godz. ....
- ♦ – gorzkie żale, dzień .... godz. ....
- @ – rezygnuję z gier
- 🍬 – rezygnuję ze słodyczy
- ☺ – życzliwość
- ▢ – rezygnuję z TV, w zamian czytam
- 📱 – ograniczam korzystanie z telefonu komórkowego
- ? – twoja propozycja

97

42 Wieczernik – ofiara z samego siebie

Wybieramy się do Wieczernika. Jest to duża sala na piętrze jednego z domów w Jerozolimie. Tu Pan Jezus spożywał z uczniami ostatnią, uroczystą kolację, którą kiedyś nazywano wieczerzą.

Przeczytaj opis tego wydarzenia z Pisma Świętego.

> Pan Jezus tej nocy, której został wydany, wziął chleb i dzięki uczyniwszy, połamał i rzekł: „To jest Ciało moje za was wydane. Czyńcie to na moją pamiątkę". Podobnie, skończywszy wieczerzę, wziął kielich, mówiąc: „Kielich ten jest Nowym Przymierzem we Krwi mojej. Czyńcie to, ile razy pić będziecie, na moją pamiątkę!" Ilekroć bowiem spożywacie ten chleb i pijecie kielich, śmierć Pańską głosicie, aż przyjdzie.
>
> (1 Kor 11,23-27)

Pan Jezus, podając uczniom chleb i wino, mówi o swojej śmierci. Zapowiada ofiarę, którą następnego dnia złoży na krzyżu. Pamiątką tego, co się wydarzyło podczas Ostatniej Wieczerzy, jest Msza Święta. Kiedy kapłan wypowiada słowa Jezusa i powtarza Jego gesty, stajemy się uczestnikami ofiary, którą złożył Jezus. Na ołtarzu dokonuje się wielka i tajemnicza przemiana: choć widzimy chleb i kielich z winem, to wierzymy, że jest to prawdziwe Ciało i prawdziwa Krew Jezusa. To dla nas wielki dar i wielka tajemnica.

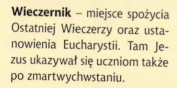

Warto wiedzieć

Wieczernik – miejsce spożycia Ostatniej Wieczerzy oraz ustanowienia Eucharystii. Tam Jezus ukazywał się uczniom także po zmartwychwstaniu.

Każdy ksiądz może sprawować Mszę Świętą, ponieważ otrzymał sakrament kapłaństwa. Powinniśmy wspierać modlitwą naszych duszpasterzy, szczególnie w Wielki Czwartek, w dniu ustanowienia sakramentów Eucharystii i kapłaństwa.

Czy wiesz, że...

Słowo „wieczernik" pochodzi od wyrazu „wieczór". Nazywano tak miejsce, gdzie spożywano wieczorny posiłek.

Zastanów się

– Jak przygotowujesz się do Mszy Świętej?
– W jaki sposób możesz wyrazić wdzięczność Panu Jezusowi za sakrament Eucharystii?
– Co może zmienić w twoim sercu przyjmowanie Ciała Pana Jezusa?

Zapamiętaj

Słowa Jezusa, które kapłan wypowiada nad chlebem i winem:

„Bierzcie i jedzcie z tego wszyscy: to jest bowiem Ciało moje, które za was będzie wydane.
Bierzcie i pijcie z niego wszyscy: to jest bowiem kielich Krwi mojej nowego i wiecznego Przymierza, która za was i za wielu będzie wylana na odpuszczenie grzechów. To czyńcie na moją pamiątkę".

(Obrzędy Mszy Świętej)

Zadanie

1. Pomódl się za kapłanów modlitwą, którą sam ułożysz bądź odnajdziesz w książeczce do nabożeństwa.
2. Naucz się na pamięć słów Jezusa, które kapłan wypowiada w czasie Mszy Świętej nad chlebem i winem.

43 Ogród Oliwny – najtrudniejsza modlitwa

Każdy z nas przeżywa czasem trudne chwile i potrzebuje wtedy osób, z którymi może porozmawiać. Rady zaufanych przyjaciół pomagają nam, gdy gubimy się na ścieżkach życia. Także Pan Jezus w trudnych chwilach potrzebował wsparcia.

Był wieczór. Jezus wiedział, że następnego dnia będzie cierpiał i umrze. Bał się tego, jak każdy człowiek. W tę najtrudniejszą noc udał się wraz z uczniami do Ogrodu Oliwnego, zwanego też Getsemani. Prosił swoich uczniów, by Mu towarzyszyli i wspierali Go. Wybrał trzech: Piotra, Jakuba i Jana, by byli blisko Niego, by modlili się razem z Nim.

Przeczytaj, co o tej bardzo trudnej chwili w życiu Pana Jezusa mówi Ewangelia.

> Jezus wyszedł i udał się, według zwyczaju, na Górę Oliwną; towarzyszyli Mu także uczniowie. Gdy przyszedł na miejsce, rzekł do nich: „Módlcie się, abyście nie ulegli pokusie". A sam oddalił się od nich na odległość około rzutu kamieniem, upadł na kolana i modlił się tymi słowami: „Ojcze, jeśli chcesz, zabierz ode Mnie ten kielich. Wszakże nie moja wola, lecz Twoja niech się stanie!" Wtedy ukazał Mu się anioł z nieba i pokrzepił Go. Gdy wstał od modlitwy i przyszedł do uczniów, zastał ich śpiących ze smutku. Rzekł do nich: „Czemu śpicie? Wstańcie i módlcie się, abyście nie ulegli pokusie".
>
> (Łk 22,39-43.45-46)

Jezus ostatnie chwile przed męką spędza na modlitwie. Wie, że następnego dnia odda życie. Mówi Ojcu o smutku i trwodze, których doznaje.

Warto wiedzieć

Wyrażenie „pić kielich" w Ewangelii oznacza „przyjąć cierpienie".

Prosi, by Bóg ustrzegł Go przed zbliżającą się męką i śmiercią. Pragnie jednak wypełnić wolę Ojca, bezgranicznie Mu ufa.

Drzewa oliwne w ogrodzie Getsemani

Modlitwa jest bardzo ważna w naszym życiu. Modląc się, Pan Jezus rozpoznawał i przyjmował wolę Boga. Nam także modlitwa pomaga rozpoznać, czego pragnie od nas Bóg.

By twoja modlitwa była jak najlepsza, zawsze bierz za wzór modlącego się Jezusa. Po pierwsze, jeśli przeżywasz trudności, nie uciekaj od modlitwy – Jezus najtrudniejszą chwilę swego życia spędził właśnie na rozmowie z Ojcem. Po drugie, powiedz Bogu, co czujesz, wypowiedz swoje uczucia: lęk, smutek, trwogę. Jeśli czujesz gniew i złość, także Mu o tym opowiedz. Po trzecie, odważnie sformułuj swoją prośbę, ale pamiętaj, że i twoja modlitwa powinna kończyć się słowami Jezusa: „Jednak nie moja wola, lecz Twoja niech się stanie!". Następnie wypełnij wolę Boga, nawet wtedy, gdy będzie to wymagało trudu i ofiary.

 Zastanów się

– Kto z twoich bliskich przeżywa trudne chwile?
– W jaki sposób możesz im pomóc?
– Czy modlisz się za nich, by umieli przyjąć wolę Boga jak Chrystus?

 Zapamiętaj

Słowa Jezusa: „Ojcze, jeśli chcesz, zabierz ode Mnie ten kielich. Wszakże nie moja wola, lecz Twoja niech się stanie!" (Łk 22,42).

 Zadanie

1. Napisz, jak rozumiesz słowa: „Bądź wola Twoja, jako w niebie tak i na ziemi"?
2. Odszukaj w książeczce do nabożeństwa dowolną pieśń wielkopostną i przepisz dwie zwrotki do zeszytu.

44 Dziedziniec Piłata – przed sądem

Nadal jesteśmy w Jerozolimie. Zatrzymujemy się na dziedzińcu pałacu Piłata. Gdy rzymskie wojska podbiły Palestynę, cesarz Rzymu wysłał Piłata do Jerozolimy, by sprawował tam władzę. Miał on prawo wydawać wyroki, jego rozkazom podlegało też wojsko. To właśnie na dziedzińcu jego pałacu odbył się najbardziej znany na świecie proces i zapadł najbardziej niesprawiedliwy wyrok.

> Poprowadzili Jezusa przed Piłata. Tam zaczęli oskarżać Go: „Stwierdziliśmy, że ten człowiek podburza nasz naród, że odwodzi od płacenia podatków cezarowi i że siebie podaje za Mesjasza-Króla". Piłat zapytał Go: „Czy ty jesteś Królem żydowskim?" Jezus odpowiedział mu: „Tak". Piłat więc kazał zwołać arcykapłanów, członków Sanhedrynu oraz lud i rzekł do nich: „Przywiedliście mi tego człowieka pod zarzutem, że podburza lud. Otóż ja przesłuchałem go wobec was i nie znalazłem w nim żadnej winy w sprawach, o które go oskarżacie". Piłat, chcąc uwolnić Jezusa, ponownie przemówił do nich. Lecz oni wołali: „Ukrzyżuj, ukrzyżuj go!" Zapytał ich po raz trzeci: „Cóż on złego uczynił? Nie znalazłem w nim nic zasługującego na śmierć. Każę go więc wychłostać i uwolnię". Lecz oni nalegali z wielkim wrzaskiem, domagając się, aby Go ukrzyżowano; i wzmagały się ich krzyki. Piłat więc zawyrokował, żeby ich żądanie zostało spełnione.
>
> (Łk 23,1-3.13-14.20-24)

Arcykapłani, uczeni w Piśmie i inni przywódcy Izraela nie uznali w Jezusie Syna Bożego. Dlatego robili wszystko, aby pozbawić Go życia. Przekupili tłum, przyprowadzili fałszywych świadków, aż wreszcie zażądali od Piłata wyroku śmierci. Dla Piłata Jezus był niewinny. Jednak brakło mu odwagi, by do końca bronić niesłusznie oskarżonego. Ugiął się wobec krzyczącego tłumu. Stchórzył. Nie miał w sobie dość siły, by stanąć po stronie prawdy.

Może i tobie przydarzają się podobne zachowania? Może też nie masz odwagi stanąć po stronie prawdy, obronić kogoś przed fałszywym osądzeniem? Może zdarza się, że źle i niesprawiedliwie osądzasz innych? Może ukrywasz prawdę, bo nie chcesz się narazić na wyśmianie przez kolegów lub koleżanki? Boisz się, że stracisz opinię fajnego kolegi czy przebojowej dziewczynki? Nie tego uczy nas Pan Jezus.

Warto wiedzieć

Dziedziniec to plac otoczony z trzech lub czterech stron budynkami. Najbardziej znane w Polsce dziedzińce znajdują się w Krakowie na Wawelu i w Warszawie na Zamku Królewskim.

Kiedy otwieram usta,
Każde słowo, które wypowiem,
Maluje mój portret
Tego dnia.

Jeśli kłamię, wszystkie kolory
Są zmieszane z szarością,
A światło i życie
Blakną tego dnia.

Jeśli moje słowa
Są prawdą, to widać
Rzeczywiste podobieństwo do Boga
W moim portrecie.

(365 modlitw dzieci, Wydawnictwo Salezjańskie, Warszawa 1998)

Zastanów się

– Czy masz odwagę upomnieć tych, którzy kłamią?
– Czy jesteś sprawiedliwy, prawy, broniący prawdy?
– Kiedy boisz się powiedzieć prawdę?
– W jakich sytuacjach nie potrafisz bronić innych?

Zapamiętaj

Pan Jezus został skazany na śmierć krzyżową. Ten niesprawiedliwy wyrok wydał Poncjusz Piłat, pod naciskiem żydowskich przywódców religijnych.

Zadanie

Narysuj ilustrację przedstawiającą proces Jezusa przed Piłatem.

45 Ulice Jerozolimy – ostatnia droga

Ostatnia droga Pana Jezusa wiodła ulicami Jerozolimy. Do dziś są tam ślady Jego męki – stacje drogi krzyżowej. Przy czternastu takich stacjach zatrzymujemy się podczas nabożeństwa drogi krzyżowej. Zapraszam cię do rozważenia kilku z nich.

Idę z Tobą, Jezu – droga krzyżowa
Wprowadzenie

Panie Jezu, chcę teraz pójść z Tobą Twoją drogą krzyżową. Pragnę uwielbić Ciebie i Twoją Mękę.

Dobrze, że chcesz pójść ze Mną. To znaczy, że chcesz być moim przyjacielem, bo przyjaciele często ze sobą przebywają.

Stacja I – Pan Jezus skazany na śmierć

Panie Jezu, źli ludzie skazali Cię na śmierć. Ja bym tego nie zrobił. Ja bym Cię bronił!

Mój drogi, każdy, kto nie troszczy się o swoją wiarę, skazuje Mnie na śmierć. Zastanów się, jaka jest twoja wiara?

Panie Jezu, pomóż mi bardziej Cię kochać. Pomóż mi mocniej Tobie wierzyć!

Oddaj Mi swoje serce, a Ja będę się o nie troszczył.

Stacja II – Pan Jezus bierze krzyż na swoje ramiona

Panie Jezu, włożyli na Ciebie taki ogromny, ciężki krzyż. Chwiejesz się na nogach. Jak oni mogli. Panie, oni powinni go ponieść za Ciebie!

Ja sam pragnąłem go dźwigać. Dla ciebie, dla wszystkich. Chciałem ci pokazać, że zbawienie przyszło przez krzyż.

Panie Jezu, naucz mnie przyjmować krzyż mojego życia, moich obowiązków.

Oddaj Mi swoje cierpienie, obowiązki i wszystkie sprawy, a Ja będę ci pomagał.

Stacja III – Pan Jezus upada pod krzyżem

Panie Jezu, ten krzyż jest dla Ciebie za ciężki. Upadłeś. Nikt Ci nie pomaga. Śmieją się. Ty, Panie, się podnosisz. Jak to dobrze.

Nie wolno zostawiać swojego krzyża na drodze. Robisz to, gdy lekceważysz swoje obowiązki.

Panie Jezu, ja nieraz nie mogę wytrzymać, męczę się.

Spójrz na Mnie, kiedy czujesz zmęczenie, zniechęcenie, i módl się, a Ja przybiegnę ci pomóc.

Stacja IV – Pan Jezus spotyka Matkę bolesną

Panie Jezu, jak dobrze mieć taką mamę jak Twoja. Ona płacze. Cierpi razem z Tobą. Ona Cię kocha.

To także twoja Mama. Ciebie także bardzo kocha. Gdybyś wiedział, jak Ona się za tobą wstawia, byłbyś na zawsze Jej czcicielem.

Panie Jezu, jak się o tym przekonać?

Częściej rozmawiaj na modlitwie z moją Matką, a poznasz Jej miłość.

Stacja XII – Pan Jezus umiera na krzyżu

Dziękuję Ci, Panie Jezu, za Twoją Mękę i Śmierć na krzyżu. Twój Krzyż jest dla mnie znakiem miłości.

Dobrze, że tak rozumiesz Krzyż. To rzeczywiście znak mojej miłości. Prawdziwej miłości. Nie ma innego mostu do nieba niż mój Krzyż.

Panie Jezu, naucz mnie kochać Twój Krzyż.

Dobrze, że tego pragniesz. To już początek miłości. Módl się, a otrzymasz to, o co prosisz.

Zakończenie

Dziękuję Ci, Panie Jezu. Wierzę, że bardzo mnie kochasz. Wierzę, że kochasz moich rodziców, kolegów, koleżanki, nauczycielki i wszystkich ludzi. Chcę Cię bardzo kochać. Chcę kochać także tych, których Ty kochasz.

Cieszę się, że uważnie i pobożnie przeszedłeś ze Mną moją drogą krzyżową. Dlatego twoje serce napełniło się dobrymi pragnieniami. W moim Najświętszym Sercu czeka na ciebie wiele darów. Wystarczy tylko wyciągnąć po nie rękę.

46 Golgota – cena zbawienia

Idziemy na Golgotę. Jest to wzgórze, które kiedyś znajdowało się poza murami Jerozolimy. Obecnie miasto się rozbudowało i wzgórze jest niemal w jego centrum. To miejsce pełne smutku i cierpienia, ponieważ tam wykonywano wyroki śmierci na skazańcach. Dlatego Golgotę nazywamy też Miejscem Czaszki. Przeczytaj, co się tam wydarzyło.

> Gdy przyszli na miejsce, zwane „Czaszką", ukrzyżowali tam Jezusa i złoczyńców, jednego po prawej, drugiego po lewej Jego stronie. Jezus zaś mówił: „Ojcze, przebacz im, bo nie wiedzą, co czynią".
>
> Było już około godziny szóstej i mrok ogarnął całą ziemię aż do godziny dziewiątej. Słońce się zaćmiło i zasłona przybytku rozdarła się przez środek. Wtedy Jezus zawołał donośnym głosem: „Ojcze, w Twoje ręce powierzam ducha mego". Po tych słowach wyzionął ducha.
>
> (Łk 23,33-34.44-46)

Jezus został ukrzyżowany na wzgórzu nazywanym Golgotą. Razem z Nim, po lewej i prawej stronie, do krzyży zostali przybici dwaj złoczyńcy, przestępcy. Jezus przebaczył tym, którzy Go krzyżowali, mówiąc: „Ojcze, przebacz im, bo nie wiedzą, co czynią".

Czy wiesz, że...

W czasach Pana Jezusa Izraelici inaczej oznaczali godziny niż my obecnie. Godzina szósta to było południe, a dziewiąta to trzecia po południu, czyli 15.00. O tej godzinie umarł Pan Jezus.

Ostatnie słowa Jezusa przed śmiercią brzmiały: „Ojcze, w Twoje ręce powierzam ducha mojego".

Męka i śmierć Jezusa są częścią Bożego planu. Jezus cierpiał po to, aby wykupić ludzi z niewoli grzechu i to nasze grzechy są powodem Jego męki i śmierci. Bóg zgodził się na cierpienie swojego Syna i Jego śmierć na krzyżu, abyśmy mogli się z Nim pojednać.

Jezus dobrowolnie ofiarował swe życie w ofierze. Zrobił to z miłości do każdego z nas. Ta miłość aż do śmierci pozwoliła pojednać z Bogiem wszystkich ludzi.

Zastanów się

– W jaki sposób okazujesz szacunek wobec krzyża?
– Jak zachowasz się w sytuacji, gdy ktoś żartuje ze znaku twojej wiary?
– Czy nie wstydzisz się krzyża?

Zaśpiewaj

Golgoto, Golgoto, Golgoto.
W tej ciszy przebywam wciąż rad,
w tej ciszy daleki jest świat.
Ty koisz mój ból, usuwasz mój strach,
gdy widzę Cię, Zbawco, przez łzy

To nie gwoździe Cię przybiły,
lecz mój grzech.
To nie ludzie Cię skrzywdzili,
lecz mój grzech.
To nie gwoździe Cię trzymały,
lecz mój grzech.
Choć tak dawno to się stało, widziałeś mnie.

Warto wiedzieć

Golgota to inaczej Miejsce Czaszki. Wyzionąć ducha znaczy to samo, co umrzeć.

Zapamiętaj

Krzyż jest znakiem miłości Jezusa do ludzi. To znak zbawienia. Jako chrześcijanie powinniśmy szanować i czcić ten znak naszej wiary.

Zadanie

1. Napisz, gdzie w twoim domu znajduje się krzyż.
2. Napisz list do kolegi lub koleżanki i wyjaśnij, dlaczego należy szanować krzyż?

47 Grób Jezusa – sobotnie czuwanie

Przypomnij sobie wydarzenia Wielkiego Piątku: mękę i śmierć Pana Jezusa na krzyżu. Wielu uczniów opuściło wtedy Jezusa. Uciekli nawet apostołowie. Były to bolesne chwile w Jego życiu. Ale znaleźli się także prawdziwi, wierni przyjaciele. Kto okazał się Jego najwierniejszym przyjacielem, dowiesz się z Ewangelii według św. Mateusza:

> Pod wieczór przyszedł zamożny człowiek z Arymatei, imieniem Józef, który też był uczniem Jezusa. Udał się on do Piłata i poprosił o ciało Jezusa. Wówczas Piłat kazał je wydać. Józef zabrał ciało, owinął je w czyste płótno i złożył w swoim nowym grobie, który kazał wykuć w skale. Przed wejściem do grobu zatoczył duży kamień i odszedł. Lecz Maria Magdalena i druga Maria pozostały tam, siedząc naprzeciw grobu.
>
> (Mt 27,57-61)

Pogrzeb jest wyrazem miłości wobec zmarłej osoby. Józef z Arymatei, przygotowując pogrzeb Jezusa, dał wyraz takiej miłości wobec Bożego Syna. Cichymi bohaterami Wielkiego Piątku są także dwie Marie. Bez rozgłosu, z wielkim oddaniem służyły Panu Jezusowi za życia i po śmierci, czuwając przy Jego grobie.

Bazylika Grobu Bożego w Jerozolimie

Czy wiesz, że...
W Miechowie koło Krakowa znajduje się wierna kopia Bożego Grobu.

Dziś wielu ludzi pielgrzymuje do Jerozolimy, do Bazyliki Grobu Bożego, by oddać hołd Jezusowi, który umarł z miłości do każdego z nas. Pielgrzymi nawiedzają grób Pana Jezusa w ciszy i skupieniu i z wielkim szacunkiem pochylają się nad miejscem, gdzie zostało złożone Jego ciało.

W Wielką Sobotę jesteśmy zaproszeni, by czuwać przy Grobie Pańskim, podobnie jak Józef z Arymatei i dwie Marie. Możemy wyznać naszą wiarę, adorując Jezusa ukrytego w Najświętszym Sakramencie.

 Zastanów się

– W jaki sposób i przed kim dasz świadectwo swojej wiary?
– Jaki dar złożysz Panu Jezusowi podczas adoracji Najświętszego Sakramentu w Wielką Sobotę?

 Zapamiętaj

W Wielką Sobotę czuwamy przy Grobie Pańskim, adorując Jezusa ukrytego w Najświętszym Sakramencie.

 Zadanie

1. Napisz list do Józefa z Arymatei i opowiedz mu, jak przeżyłeś Wielką Sobotę.
2. Wyobraź sobie, że jesteś Józefem z Arymatei i napisz, jakie trudności musiałeś pokonać, by złożyć ciało Jezusa w grobie.

Sprawdź swoją wiedzę

1. Złożył ciało Pana Jezusa w grobie:
   a) św. Piotr Apostoł,
   b) Piłat,
   c) Józef z Arymatei.
2. Człowiek, który oddał Jezusowi swój grób, to:
   a) miłosierny Samarytanin,
   b) uczeń Jezusa,
   c) apostoł.
3. Osoby, które pozostały przy grobie Pana Jezusa, to:
   a) apostołowie,
   b) arcykapłani,
   c) kobiety.

Sprawdź swoją wiedzę

1. Czas Wielkiego Postu rozpoczynamy:
   a) w Środę Popielcową,
   b) w święto Objawienia Pańskiego,
   c) w uroczystość Wszystkich Świętych.

2. Jezus był kuszony przez szatana:
   a) podczas pielgrzymki do Jerozolimy,
   b) gdy odpoczywał w Nazarecie,
   c) podczas postu na Pustyni Judzkiej.

3. Jezus ustanowił sakrament Eucharystii:
   a) podczas szabatu w domu rodzinnym w Nazarecie,
   b) w niedzielę w Świątyni Jerozolimskiej,
   c) w Wielki Czwartek podczas Ostatniej Wieczerzy w Wieczerniku.

4. Jezus podczas modlitwy w Ogrodzie Oliwnym:
   a) prosił swojego Ojca, aby mógł wypełnić Jego wolę,
   b) czytał pobożne księgi,
   c) odpoczywał razem z uczniami.

5. Arcykapłani i przywódcy religijni Izraela:
   a) chcieli Jezusa obwołać królem,
   b) nie uznali w Jezusie Syna Bożego i wydali Go Piłatowi,
   c) postanowili wysłać Jezusa do Egiptu.

6. Nabożeństwo drogi krzyżowej składa się z:
   a) 6 stacji,
   b) 30 stacji,
   c) 14 stacji.

7. Nazwa „Golgota" oznacza:
   a) miejsce czaszki,
   b) miejsce spotkania,
   c) dobre miejsce.

8. Przez śmierć na krzyżu Jezus:
   a) okazał ludziom swoją miłość,
   b) zbawił ludzi,
   c) wypełnił Boży plan zbawienia.

9. Po śmierci Jezusa Józef z Arymatei:
   a) podpisał Jego kartę zgonu,
   b) złożył Jego ciało w grobie,
   c) odczytał apostołom ostatnią wolę Jezusa.

10. W Wielką Sobotę przy Grobie Pańskim:
    a) ministranci kropią wszystkich wodą święconą,
    b) adorujemy Jezusa w Najświętszym Sakramencie,
    c) święcimy palmy.

VI
Szlak nowego życia

Jezu, ty jesteś tu naprawdę,
blisko o jeden tylko krok.
Tyś na ołtarzu w hostii ukryty,
widzi Cię jednak mej wiary wzrok.

Dziękuję Ci, Jezu, za prawdę wiary,
ona mnie uczy, jak trzeba żyć.
Dzięki za łaskę, która umacnia,
bez Ciebie, Boże, nie znaczę nic.

48. Pusty grób – największe zwycięstwo

Uczestniczyłeś w liturgii Wielkiego Czwartku, Wielkiego Piątku, Wigilii Paschalnej oraz Niedzieli Wielkanocnej. Każdy z tych dni uobecnia ważne wydarzenia z historii naszego zbawienia.

> O świcie pierwszego dnia tygodnia przyszła Maria Magdalena i druga Maria obejrzeć grób. A oto nastąpiło wielkie trzęsienie ziemi. Albowiem anioł Pański zstąpił z nieba, podszedł, odsunął kamień i usiadł na nim. Postać jego jaśniała jak błyskawica, a szaty jego były białe jak śnieg. Ze strachu przed nim zadrżeli strażnicy i stali się jakby martwi.
> Anioł zaś przemówił do niewiast: „Wy się nie bójcie! Gdyż wiem, że szukacie Jezusa Ukrzyżowanego. Nie ma Go tu, bo zmartwychwstał, jak zapowiedział. Przyjdźcie, zobaczcie miejsce, gdzie leżał. A idźcie szybko i powiedzcie Jego uczniom: Powstał z martwych i oto udaje się przed wami do Galilei. Tam Go ujrzycie. Oto, co wam powiedziałem". Pośpiesznie więc oddaliły się od grobu, z bojaźnią i wielką radością, i pobiegły oznajmić to Jego uczniom.
> A oto Jezus stanął przed nimi mówiąc: „Witajcie!" One podeszły do Niego, objęły Go za nogi i oddały Mu pokłon. A Jezus rzekł do nich: „Nie bójcie się! Idźcie i oznajmijcie moim braciom: niech udadzą się do Galilei, tam Mnie zobaczą".
>
> (Mt 28,1-9)

Grób Pana Jezusa jest pusty. Chrystus zmartwychwstał. Ten pusty grób jest dla chrześcijan ważnym świadkiem i świadectwem Zmartwychwstania. Zmartwychwstanie Jezusa to wyjątkowe wydarzenie w historii świata.

Najważniejszym spotkaniem z Chrystusem zmartwychwstałym jest Eucharystia. Tam możemy spotkać żywego i prawdziwego Pana, słuchać Jego słów i przyjąć Go w Komunii Świętej. Podczas każdej Eucharystii to On sam mówi do nas oraz karmi nas swoim Ciałem.

Każda niedziela jest świętem – pamiątką dnia, w którym Chrystus zmartwychwstał. Dla wszystkich chrześcijan jest to dzień radości przeżywanej w gronie najbliższych. Jezus zaprasza nas na Eucharystię, abyśmy świętowali razem z Nim.

💡 Warto wiedzieć

Zmartwychwstanie – inaczej powstanie z martwych. Wiara w powstanie Pana Jezusa z martwych jest najważniejszą prawdą chrześcijaństwa.

🎵 Zaśpiewaj

Zwycięzca śmierci, piekła i szatana
wychodzi z grobu dnia trzeciego z rana.
Naród niewierny trwoży się, przestrasza
na cud Jonasza. Alleluja!

Ziemia się trzęsie, straż się grobu miesza,
anioł zstępuje, niewiasty pociesza:
„Patrzcie, tak mówi, grób ten próżny został,
Pan zmartwychpowstał". Alleluja!

❓ Czy wiesz, że...

„Pierwszy dzień tygodnia", w którym kobiety przyszły do grobu Jezusa, oznacza niedzielę.

❓ Zastanów się

– Czy Eucharystia jest dla ciebie najważniejszym wydarzeniem niedzieli i świąt?

❗ Zapamiętaj

Pan Jezus podczas spotkania z kobietami zaraz po swoim Zmartwychwstaniu nakazał:
– nie bać się, tylko odważnie wyznawać wiarę w Niego,
– opowiadać innym o Zmartwychwstaniu, być świadkiem,
– nie zapominać o spotkaniu z Panem.

⚔️ Zadanie

1. Napisz list, w którym zachęcisz kolegę do uczestnictwa w niedzielnej Eucharystii.
2. Przygotuj plakat do szkolnej gazetki ściennej zachęcający do uczestnictwa w niedzielnej Eucharystii.

49   Droga do Emaus – odkrywcza podróż

Dość długo zatrzymaliśmy się w Jerozolimie, bo tam miały miejsce najważniejsze wydarzenia w dziejach świata. Teraz opuszczamy to miasto, tak jak wielu przyjaciół Jezusa po Jego śmierci i pogrzebie. Wyruszamy w kierunku Emaus, podobnie jak Jego dwaj uczniowie, o których możemy przeczytać w Ewangelii. Jezus dołączył do nich, ale Go nie poznali, choć rozmawiali z Nim bardzo długo. Byli rozczarowani i zawiedzeni, że Jezus nie spełnił ich oczekiwań i dał się ukrzyżować.

A co na to Jezus?

> Na to On rzekł do nich: „O, nierozumni, jak nieskore są wasze serca do wierzenia". I wykładał im, co we wszystkich Pismach odnosiło się do Niego.
>
> Tak przybliżyli się do wsi, do której zdążali, a On okazywał, jakoby miał iść dalej. Lecz przymusili Go, mówiąc: „Zostań z nami, gdyż ma się ku wieczorowi i dzień się już nachylił". Wszedł więc, aby zostać wraz z nimi. Gdy zajął z nimi miejsce u stołu, wziął chleb, odmówił błogosławieństwo, połamał go i dawał im. Wtedy otworzyły się im oczy i poznali Go, lecz On zniknął im z oczu. I mówili miedzy sobą: „Czy serce nie pałało w nas, kiedy rozmawiał z nami w drodze i Pisma nam wyjaśniał?".
>
> (Łk 24,25.27-32)

Uczniowie poznali Jezusa dopiero w Emaus. Dlaczego nie wcześniej? Przecież szli razem wiele kilometrów.

Na początku byli nierozumni, nie wierzyli w to, że Jezus mógłby zmartwychwstać. A bez wiary widzi się tylko powierzchownie, nie widzi się wszystkiego. Dopiero wtedy, gdy Jezus wyjaśnił im to, co odnosiło się do Niego w księgach Starego Testamentu, obudziła się ich wiara i zaczęli widzieć coraz lepiej. A gdy przy stole łamał, błogosławił i rozdawał chleb, wszystko stało się jasne: Jezus zmartwychwstał! Bóg nie opuścił tych, których tak bardzo ukochał! Choć po chwili Jezus zniknął uczniom z oczu, to pozostała wiara, że jest z nimi już na zawsze. Rozpalił ich serca gorącą Bożą miłością.

Dziś trudno ustalić, gdzie znajdowało się tamto Emaus. To chyba dobrze. Dzięki temu codzienne ścieżki twojego życia możesz nazwać swoją drogą do Emaus. Zmartwychwstały Jezus nieustannie ci towarzyszy i chce, byś Go rozpoznawał. Potrzebne są do tego otwarte oczy i gorące serce.

Jezus zostawił wskazówki, pomagające rozpoznać Go:
- rozmawiaj o Nim z innymi,
- rozmawiaj z Nim na modlitwie,
- czytaj Pismo Święte i proś dorosłych o wyjaśnienia,
- wsłuchuj się w słowo Boże podczas Mszy Świętej,
- z wiarą przystępuj do Komunii Świętej.

Czy wiesz, że...

W Biblii wyrażenie „łamanie chleba" oznacza Eucharystię.

 ### Zaśpiewaj

Zmartwychwstał Pan /x2 Alleluja /x2
Zwyciężył śmierć /x2 Alleluja /x2
Jest pośród nas /x2 Alleluja /x2
Radujmy się /x2 Alleluja /x2

 ### Zastanów się

– Co możesz zrobić, aby uważniej słuchać słowa Bożego i z jeszcze większą miłością przyjmować Jezusa w Komunii Świętej?

 ### Zapamiętaj

Chrystus daje się nam poznać podczas każdej Eucharystii, kiedy słuchamy Jego słowa i karmimy się Jego Ciałem.

 ### Zadanie

1. W najbliższą niedzielę podczas Mszy Świętej wsłuchaj się uważnie w słowa Ewangelii i opowiedz ją w domu swoim bliskim.
2. Postaraj się jak najlepiej przygotować do Komunii Świętej przez krótką modlitwę przed niedzielną Eucharystią.

50 | Przez zamknięte drzwi – niezwykłe wejście

Gdy uczniowie z Emaus rozpoznali Jezusa, On „zniknął im z oczu". Wrócili do Jerozolimy, do apostołów, aby opowiedzieć wszystkim o niezwykłym spotkaniu. Przenieśmy się do wieczernika. Są tam wystraszeni uczniowie. Boją się ludzi, którzy ukrzyżowali Jezusa. Nie wiedzą, co mają dalej robić. Drzwi do wieczernika są zamknięte.

> Wieczorem owego pierwszego dnia tygodnia, tam gdzie przebywali uczniowie, choć drzwi były zamknięte z obawy przed Żydami, przyszedł Jezus, stanął pośrodku i rzekł do nich: „Pokój wam!" A to powiedziawszy, pokazał im ręce i bok. Uradowali się zatem uczniowie, ujrzawszy Pana. A Jezus znowu rzekł do nich: „Pokój wam! Jak Ojciec Mnie posłał, tak i Ja was posyłam". Po tych słowach tchnął na nich i powiedział im: „Weźmijcie Ducha Świętego! Którym odpuścicie grzechy, są im odpuszczone, a którym zatrzymacie, są im zatrzymane".
>
> (J 20,19-23)

Gdy apostołowie przeżywają strach i niepokój, dzieje się rzecz niezwykła – pomimo zamkniętych drzwi staje przed nimi Jezus. Przychodzi z darem Ducha Świętego. Mocą tego Ducha apostołowie będą mogli odpuszczać grzechy. Dziś władzę odpuszczania grzechów mają biskupi i kapłani. Mogą też nie udzielić rozgrzeszenia, jeśli nie widzą żalu i woli poprawy.

Ustanowiony przez Jezusa sakrament pokuty

i pojednania jest dla nas wspaniałym darem. Systematyczne przystępowanie do spowiedzi pomaga odnawiać przyjaźń z Jezusem. Pośród pięciu warunków tego sakramentu najważniejszy jest żal za grzechy. Jeśli człowiek nie żałuje popełnionego zła, jego serce jest nadal zamknięte, spowiedź jest nieważna. Jeśli szczerze wyznamy wszystkie grzechy i za nie żałujemy, Jezus przywraca nam pokój i radość, dodaje nam sił i odwagi, abyśmy przemieniali swoje życie.

 Zaśpiewaj

Dzięki, o Panie, składamy dzięki.
O Wszechmogący nasz Królu w niebie.

Ty nam przebaczasz grzechy.
Dzięki, o Panie…

Ty nam przywracasz życie.
Dzięki, o Panie…

 Zastanów się

Jezus obdarzył cię wspaniałym darem. Nawet gdy odchodzisz od Niego przez grzech, On ci przebacza i przywraca utracone życie Boże w sakramencie pokuty i pojednania.

 Zapamiętaj

Tymi słowami Pan Jezus ustanowił sakrament pokuty i pojednania: „Weźmijcie Ducha Świętego! Którym odpuścicie grzechy, są im odpuszczone, a którym zatrzymacie, są im zatrzymane" (J 20,22b-23).

 Zadanie

1. Narysuj, w jaki sposób przyczyniasz się do budowania pokoju w swoim środowisku.
2. Przy wieczornej modlitwie podziękuj Jezusowi za sakrament pokuty i pojednania.
3. Naucz się na pamięć słów, którymi Jezus ustanowił sakrament pokuty.

51 Góra Oliwna – zapatrzeni w niebo

Minęło 40 dni od zmartwychwstania Jezusa. Wybieramy się na Górę Oliwną. Od Jerozolimy dzieli ją odległość drogi szabatowej, czyli około 1 km. Tu apostołowie byli świadkami niezwykłego wydarzenia. Jezus mówił do nich:

„Gdy Duch Święty zstąpi na was, otrzymacie Jego moc i będziecie moimi świadkami w Jeruzalem i w całej Judei, i w Samarii, i aż po krańce ziemi". Po tych słowach uniósł się w ich obecności w górę i obłok zabrał Go im sprzed oczu. Kiedy jeszcze wpatrywali się w Niego, jak wstępował do nieba, przystąpili do nich dwaj mężowie w białych szatach. I rzekli: „Mężowie z Galilei, dlaczego stoicie i wpatrujecie się w niebo? Ten Jezus, wzięty od was do nieba, przyjdzie tak samo, jak widzieliście Go wstępującego do nieba". Wtedy wrócili do Jeruzalem z góry, zwanej Oliwną.

(Dz 1,8-12)

Pan Jezus wstąpił do nieba, ale nie zostawił swoich uczniów samych. Obiecał, że zstąpi na nich Duch Święty. Dzięki Jego mocy będą świadkami Jezusa na całym świecie.

Jezus wrócił do domu swego Ojca. Kiedyś przyjdzie powtórnie na ziemię: już nie jako dziecko w Betlejem, ale jako Król i Sędzia. Nikt z nas nie wie, kiedy to się stanie. W każdej chwili musimy być więc przygotowani na Jego przyjście.

Warto wiedzieć

Świadkiem Jezusa staje się ten, kto wypełnianie obowiązków łączy z „patrzeniem w niebo", czyli z modlitwą.

Góra Oliwna

Apostołowie nie pozostali na Górze Oliwnej. Wrócili do Jerozolimy, by tam rozpocząć głoszenie Ewangelii o zmartwychwstałym Jezusie. To jest także nasze zadanie. Dziś, jutro i do końca życia każdy z nas ma obowiązek świadczenia o Jezusie. Pomaga nam w tym Duch Święty.

 Zaśpiewaj

Nasz Pan na pewno przyjdzie,
czekaj na Niego, gdyż On nie spóźni się.
Nasz Pan na pewno przyjdzie,
a nic Mu nie przeszkodzi.
Alleluja /x8

 Zastanów się

– Jak możesz świadczyć o Jezusie w domu, w szkole, na podwórku?
– Co pomaga ci być gotowym na spotkanie z Jezusem?

 Zapamiętaj

Duch Święty, którego otrzymałeś na chrzcie, umacnia cię, byś dawał świadectwo o Jezusie wobec ludzi, których spotkasz.

 Zadanie

1. Napisz, jak dzisiaj możesz być świadkiem Jezusa.
2. Opowiedz wybranej osobie o jednym wydarzeniu z życia Jezusa.

Sprawdź swoją wiedzę

1. Czas między zmartwychwstaniem a wniebowstąpieniem Jezusa trwał:
   a) tydzień,
   b) 40 dni,
   c) 50 dni.
2. Wniebowstąpienie Jezusa miało miejsce:
   a) w Jerozolimie,
   b) na górze Tabor,
   c) na Górze Oliwnej.
3. Przed wniebowstąpieniem Jezus obiecał apostołom:
   a) że zaraz do nich wróci,
   b) że zstąpi na nich Duch Święty,
   c) że wkrótce nastąpi koniec świata.

52 Więzienna cela – moc modlitwy

Pobyt w więzieniu kojarzy się często z karą za naruszenie prawa, ale nie zawsze tak jest. Z historii wiemy, że do więzień trafiali również ludzie, którzy głośno wyrażali sprzeciw wobec niesprawiedliwej władzy, czy też ci, którzy upominali się o prawa człowieka lub o wolność dla swojego kraju. Polacy często znajdowali w takiej sytuacji. Podobny los spotykał chrześcijan, którzy nie chcieli wyrzec się swojej wiary. W wielu krajach dzieje się tak do dzisiaj. Przykładów jest bardzo dużo.

Przeczytaj o uwięzieniu i cudownym uwolnieniu św. Piotra, które miało miejsce w Jerozolimie.

> W tym także czasie król Herod zaczął prześladować niektórych członków Kościoła. Uwięził nadto Piotra. Pojmawszy go, osadził w więzieniu i oddał pod straż czterech oddziałów, po czterech żołnierzy każdy.
>
> Strzeżono więc Piotra w więzieniu, a Kościół modlił się za niego nieustannie do Boga. W nocy, po której Herod miał go wydać, Piotr, skuty podwójnym łańcuchem, spał między dwoma żołnierzami, a strażnicy przed bramą strzegli więzienia. Wtem zjawił się anioł Pański i światłość zajaśniała w celi. Trąciwszy Piotra w bok, obudził go i powiedział: „Wstań szybko!" Równocześnie z rąk Piotra opadły kajdany. „Przepasz się i włóż sandały!" – powiedział mu anioł. A gdy to zrobił, rzekł do niego: „Narzuć płaszcz i chodź za mną!"
>
> Wyszedł więc i szedł za nim, ale nie wiedział, czy to, co czyni anioł, jest rzeczywistością; zdawało mu się, że to widzenie. Minęli pierwszą i drugą straż i doszli do żelaznej bramy prowadzącej do miasta. Ta otwarła się sama przed nimi. Wyszli więc, przeszli jedną ulicę i natychmiast anioł odstąpił od niego. Kiedy Piotr przyszedł do siebie, powiedział: „Teraz wiem na pewno, że Pan posłał swego anioła i wyrwał mnie z rąk Heroda".
>
> (Dz 12,1.3-11)

Podczas gdy Piotr przebywał w więzieniu za dawanie świadectwa o Chrystusie, Kościół modlił się za niego, wstawiał się za nim przed Bogiem, aby został uwolniony. Piotr odważnie głosił Chrystusa i mimo wielu prześladowań nie wyrzekł się Go. Dla swojego Mistrza był gotowy oddać życie.

W Kościele wszyscy mamy się o siebie nawzajem troszczyć. Jesteśmy powołani do tego, aby każdego, a zwłaszcza potrzebujących, otoczyć naszą modlitwą.

 ### Módl się

Spójrz, Panie, na groźby prześladowców i daj sługom Twoim głosić słowo Twoje z całą odwagą, gdy Ty wyciągać będziesz swą rękę, aby uzdrawiać i dokonywać znaków i cudów przez imię świętego Sługi Twego, Jezusa (por. Dz 4,29-30).

 ### Zastanów się

– Czy wierzysz, że Bóg nie opuszcza cię w trudnych chwilach?
– Komu potrzebny jest dar twojej modlitwy?
– Kto modli się za ciebie?

 ### Zapamiętaj

„Modlitwa wstawiennicza polega na prośbie za innych. Wstawiennictwo winno także rozszerzyć się na nieprzyjaciół" (Kompendium KKK 554).

 ### Zadanie

1. Napisz modlitwę, w której będziesz prosił Boga w potrzebach innych.
2. Odmów jeden dziesiątek różańca za osobę, z którą siedzisz w ławce.

53 Po krańce ziemi — apostolska misja

Wybieramy się w bardzo daleką drogę. Z Jerozolimy wyruszymy razem ze św. Pawłem do czterech miast, leżących na trasie jego wielkich podróży misyjnych. Zajrzymy do Antiochii, Filippi, Koryntu i na koniec do Rzymu.

Święty Paweł to bardzo ciekawa postać. Był Żydem, ale miał też obywatelstwo rzymskie. Nosił dwa imiona: hebrajskie Szaweł i rzymskie Paweł. Początkowo nienawidził uczniów Jezusa. Wielu z nich prześladował, wtrącając do więzienia. Pewnego razu, kiedy był w drodze do Damaszku, oślepiła go wielka jasność i usłyszał głos Jezusa. Po tym wydarzeniu Szaweł się zmienił. Odtąd sam stał się apostołem i świadkiem Jezusa. Był niestrudzonym wędrowcem. Podczas swoich podróży św. Paweł odwiedził wiele miast w wielu krajach. Oto, co się wydarzyło w niektórych z nich.

W czasie pierwszej podróży misyjnej razem ze swoim towarzyszem Barnabą odwiedził Antiochię. Modlili się tam w synagodze, a po wysłuchaniu fragmentów Biblii Paweł opowiadał wszystkim o miłości i chwale Pana Jezusa, o Jego życiu i zmartwychwstaniu. Żydzi jednak nie chcieli go słuchać. Wtedy Paweł i Barnaba powiedzieli: „Powinniśmy głosić słowo Boże najpierw wam, a potem wszystkim innym. Skoro jednak odrzucacie naszą naukę, teraz skierujemy się do pogan". Poganie, słysząc to, radowali się i wielu z nich przyłączyło się do wspólnoty wierzących.

Podczas drugiej podróży Paweł dotarł do miasta Filippi. Uwięziono go tam, ale w nocy nastąpiło trzęsienie ziemi, tak że mury więzienia runęły. Naczelnik więzienia myślał, że Paweł i jego towarzysze uciekli. Obawiał się, że spotka go za to surowa kara, ale Paweł uspokoił go: „My wciąż tu jesteśmy". Naczelnik więzienia zaprosił ich do siebie, uwierzył w Jezusa i z całą rodziną przyjął chrzest.

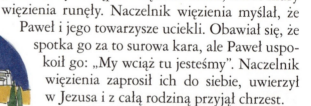

Podczas trzeciej podróży Paweł odwiedził Korynt. Nauczał tam swoich rodaków, że Jezus jest Synem Bożym. Tu także Żydzi nie chcieli go słuchać. Wtedy Paweł bardzo się na nich zdenerwował. Rozdarł swe szaty na znak oburzenia i powiedział: „Jeśli się nie zbawicie, będzie to wasza wina! Ja zrobiłem wszystko, co mogłem! Od tej pory pójdę mówić o Jezusie poganom".

Ostatnią podróż św. Paweł odbył jako więzień. Ponieważ był obywatelem rzymskim, odesłano go do Rzymu, gdzie wyrok na niego miał wydać sam cezar. Przeczytaj, co spotkało św. Pawła podczas głoszenia Ewangelii o Jezusie.

Czy wiesz, że...

Święty Paweł w podróżach misyjnych przebył ponad 15 tysięcy kilometrów.

> Przez Żydów pięciokrotnie byłem bity po czterdzieści razów bez jednego. Trzy razy byłem sieczony rózgami, raz kamienowany, trzykrotnie byłem rozbitkiem na morzu, przez dzień i noc przebywałem na głębinie morskiej. Często w podróżach, w niebezpieczeństwach na rzekach, w niebezpieczeństwach od zbójców, w niebezpieczeństwach od własnego narodu, w niebezpieczeństwach od pogan, w niebezpieczeństwach w mieście, w niebezpieczeństwach na pustkowiu, w niebezpieczeństwach na morzu, w niebezpieczeństwach od fałszywych braci; w pracy i umęczeniu, często na czuwaniu, w głodzie i pragnieniu, w licznych postach, w zimnie i nagości.
>
> (2 Kor 11, 24-27)

Święty Paweł napotkał wiele niebezpieczeństw, ale nie zniechęcił się i nie zrezygnował ze swojej misji. Całe życie oddał dla głoszenia Ewangelii, aby mogła dotrzeć do wielu ludzi.

Ty też możesz być apostołem Chrystusa. Staraj się dawać o Nim świadectwo słowem i czynem. Nie zwalniaj się z tego, choćby było trudno. Zanoś Go w świat, w którym żyjesz: do twojej rodziny, szkoły, na podwórko, plac zabaw i w każde inne miejsce, w którym na co dzień przebywasz. Możesz też pomagać misjonarzom i w ten sposób głosić Jezusa na całym świecie.

Zastanów się

– Czego oczekuje od ciebie dzisiaj Pan Jezus?
– Co możesz robić jak św. Paweł?
– Jakie przeszkody napotykasz, mówiąc innym o swojej wierze?

Zapamiętaj

„Wybrałem sobie tego człowieka jako narzędzie. On zaniesie imię moje do pogan i królów, i do synów Izraela. I pokażę mu, jak wiele będzie musiał wycierpieć dla mego imienia" (Dz 9,15-16).

Zadanie

Napisz, jakie trudności pokonał św. Paweł, głosząc Jezusa.

54 Dom Ojca – cel naszej wędrówki

Wymarzony dom kojarzy nam się z rodziną, w której ludzie kochają się nawzajem. W takim domu wszyscy pamiętają, by to, co robią, było zawsze dobre dla innych. Są względem siebie szczerzy, nie krzywdzą się słowem ani czynem.

Jezus dał każdemu z nas obietnicę dotyczącą przyszłego mieszkania. To, czy się wypełni, zależy tylko od ciebie.

„Niech się nie trwoży serce wasze. Wierzycie w Boga? I we Mnie wierzcie! W domu Ojca mego jest mieszkań wiele. Gdyby tak nie było, to bym wam powiedział. Idę przecież przygotować wam miejsce. A gdy odejdę i przygotuję wam miejsce, przyjdę powtórnie i zabiorę was do siebie, abyście i wy byli tam, gdzie Ja jestem. Znacie drogę, dokąd Ja idę". Odezwał się do Niego Tomasz: „Panie, nie wiemy, dokąd idziesz. Jak więc możemy znać drogę?" Odpowiedział mu Jezus: „Ja jestem drogą i prawdą, i życiem. Nikt nie przychodzi do Ojca inaczej jak tylko przeze Mnie".

(J 14,1-6)

Pan Jezus odszedł do domu Ojca, gdzie panuje miłość i szczęście. Odszedł, aby przygotować miejsce również dla ciebie. Jednak to, czy tam dotrzesz, zależy od twojej decyzji. Pan Jezus pragnie ci w tym pomóc. Jeśli chcesz odczytać Jego bardzo dyskretne drogowskazy, musisz być zawsze blisko Niego i często z Nim rozmawiać.

Warto wiedzieć

W Biblii „dom" oznacza zarówno budowlę, jak i rodzinę.

Zaśpiewaj

Ja jestem Drogą, Prawdą i Życiem,
powiedział ludziom, gdy wśród nich żył.
Choć potem skonał w męce na krzyżu,
dla nas jest żywy, jakby tu był.

Jezu, ty jesteś tu naprawdę,
blisko o jeden tylko krok.
Tyś na ołtarzu w hostii ukryty,
widzi Cię jednak mej wiary wzrok.

Dziękuję Ci, Jezu, za prawdę wiary,
ona mnie uczy, jak trzeba żyć.
Dzięki za łaskę, która umacnia,
bez Ciebie, Boże, nie znaczę nic.

Czy wiesz, że...

W niebie – domu Ojca – będziemy wielką rodziną, w której Bóg jest naszym Ojcem, a Jezus naszym Bratem.

 ## Zastanów się

– Czy pamiętasz o codziennej rozmowie z Jezusem na modlitwie?
– Jak często czytasz lub wsłuchujesz się w Jego słowa zawarte w Piśmie Świętym?
– Jak często przepraszasz Pana Jezusa w sakramencie pokuty?
– Czy pamiętasz o niedzielnych odwiedzinach w domu Jezusa – kościele?

Sprawdź swoją wiedzę

1. Jezus odszedł do nieba, by:
   a) zostawić ludzi samych,
   b) odpocząć,
   c) przygotować nam tam miejsce.
2. Do nieba można trafić:
   a) z pomocą balonu lub samolotu,
   b) wierząc w Jezusa i wypełniając Jego naukę,
   c) wypełniając kilka wybranych przykazań.
3. Jezus jest dla nas:
   a) kimś, kogo nie możemy poznać,
   b) bohaterem ciekawych opowiadań,
   c) drogą, prawdą i życiem.

 ## Zapamiętaj

Życie wieczne z Bogiem to zamieszkanie z Nim na zawsze w niebie.
Wieczne zbawienie to wyzwolenie człowieka od wszelkiego zła, cierpienia i śmierci. To szczęście, które nie ma końca.

 ## Zadanie

1. Pomódl się za swoich bliskich, byś z wszystkimi spotkał się w niebie – domu Ojca.
2. Narysuj, jak wyobrażasz sobie niebo.

Sprawdź swoją wiedzę

1. Najważniejszą prawdą chrześcijan jest:
   a) powstanie z martwych Jezusa,
   b) przekazanie Mojżeszowi Dekalogu,
   c) obietnica złożona Abrahamowi.

2. Zmartwychwstały Jezus ukazał się:
   a) uczonym w Piśmie z Kafarnaum,
   b) dwóm uczniom idącym do Emaus,
   c) wszystkim mieszkańcom Jerozolimy.

3. Zmartwychwstały Jezus daje nam się poznać:
   a) podczas Eucharystii, gdy słuchamy Jego słów i przyjmujemy Jego Ciało w Komunii,
   b) gdy się nudzimy,
   c) podczas dalekich podróży, gdy poznajemy nowe miejsca.

4. Po swoim zmartwychwstaniu Jezus przyszedł pomimo zamkniętych drzwi:
   a) do kobiet modlących się w świątyni,
   b) do uczonych w Piśmie w synagodze,
   c) do swoich uczniów zgromadzonych w Wieczerniku.

5. Jezus ustanowił sakrament pokuty i pojednania słowami:
   a) „Gdy Duch Święty zstąpi na was, otrzymacie Jego moc i będziecie moimi świadkami",
   b) „Nie bójcie się",
   c) „Weźmijcie Ducha Świętego! Którym odpuścicie grzechy, są im odpuszczone, a którym zatrzymacie, są im zatrzymane".

6. Czterdzieści dni po zmartwychwstaniu Jezusa:
   a) apostołowie zorganizowali spotkanie modlitewne dla mieszkańców Jerozolimy,
   b) apostołowie rozpoczęli post,
   c) Pan Jezus wstąpił do nieba.

7. Gdy św. Piotr został osadzony w więzieniu, wierzący w Chrystusa (czyli Kościół):
   a) modlili się za niego,
   b) poszli do Heroda prosić o jego uwolnienie,
   c) nie interesowali się nim.

8. Św. Paweł po spotkaniu Jezusa w drodze do Damaszku:
   a) został apostołem i świadkiem Jezusa,
   b) głosił, że Jezus jest Synem Bożym,
   c) całe swoje życie poświęcił głoszeniu Ewangelii.

9. Obiecane przez Jezusa mieszkanie w Domu Ojca oznacza:
   a) święty spokój,
   b) czas wolny,
   c) życie wieczne z Bogiem.

10. Głosząc Dobrą Nowinę o Jezusie św. Paweł odbył:
    a) 3 podróże misyjne i przebył ponad 15 tysięcy kilometrów,
    b) 1 podróż i przebył 500 kilometrów,
    c) 2 podróże i przebył 700 kilometrów.

VII
Szlak wiary

**Jezu ufam Tobie.
Swe życie składam Tobie.
Kocham Ciebie.**

55 Na rozstaju dróg — przydrożne krzyże i kapliczki

Golgota to miejsce, gdzie stał Krzyż, na którym Jezus oddał za nas życie. Po Jego śmierci krzyż został wrzucony do głębokiego rowu na zboczu Golgoty. Odnalazła go w 326 r. matka cesarza Konstantyna Wielkiego, Helena. Autentyczność krzyża została potwierdzona przez cud uzdrowienia, który dokonał się dzięki niemu. Wielu ludzi pielgrzymowało do Jerozolimy, by dotknąć drzewa krzyża i doświadczyć Bożej łaski.

Chrześcijanie zaczęli stawiać krzyże przy drogach i polach jako znak wiary i miłości do Chrystusa. Początkowo były to proste, drewniane krzyże. Z czasem zaczęto budować kapliczki. Budując je, wyrażano wiarę i miłość nie tylko do Jezusa, lecz także do Maryi i świętych. Innym powodem była wdzięczność Bogu, na przykład za uzdrowienie lub uratowanie od zarazy. Przy krzyżach i kapliczkach ludzie zatrzymywali się na krótką modlitwę, idąc do pracy w polu lub będąc w podróży. Spotykano się tam również na modlitwie różańcowej lub odmawiano litanię do Matki Bożej. Do dzisiaj kapliczki i przydrożne krzyże są znakiem wiary.

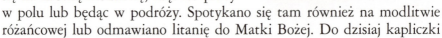
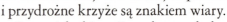

Jest wiele historii o słynących łaskami obrazach i krzyżach umieszczonych w kapliczkach przy drodze, które z czasem zostały przeniesione do kościołów, by ludzie mogli w tych znakach oddawać cześć Jezusowi i Maryi. W Polsce są to na przykład Gietrzwałd, Leśna Podlaska, Licheń czy Święta Lipka – słynne miejsca pielgrzymkowe. Historia każdego z tych miejsc zaczyna się od małej zwykłej kapliczki, gdzie ludzie zatrzymywali się, aby się modlić, i otrzymywali

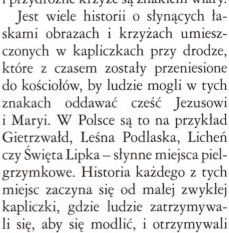

wiele łask. W czasie wakacyjnych podróży możesz odwiedzić takie sanktuaria. Możesz też zatrzymywać się przy przydrożnych kapliczkach i modlić się choć krótką chwilę. Mijając taką kapliczkę lub krzyż, chłopcy powinni zawsze uchylić czapkę na znak szacunku.

W mym zeszycie od religii
namaluję dużo kłosów,
drogę szarą i kapliczkę,
a w niej Matkę Boską.

Przy kapliczce płotek niski,
taki bardzo kolorowy.
Na nim ptaszki Matce Boskiej
będą koncertować.

W górze słońce, białe chmury
i samolot rozpędzony.
Przed kapliczką dzieci małe
z kwiatami w dłoniach.

Matka Boska zatroskana,
otulona chmurki cieniem,
myśli sobie, czy też serca
dzieci dobrych się nie zmienią.
Henryk Szydlik

 ## Zastanów się

– Kiedy ostatnio zatrzymałeś się przy przydrożnym krzyżu lub kapliczce?
– Jak zachowujesz się, mijając kapliczkę lub krzyż?

 ## Zapamiętaj

Krzyże i kapliczki to znak wdzięczności Bogu za dary otrzymane od Niego. To także znak naszej wiary.

 ## Zadanie

Przeprowadź wywiad na temat historii powstania kapliczki znajdującej się w twojej miejscowości lub w najbliższej okolicy.

56 | Częstochowa – niezwykła wycieczka

Udajemy się na pielgrzymkę na Jasną Górę w Częstochowie, do sanktuarium Matki Bożej. Pielgrzymowanie nie jest łatwe. Wiąże się z nim trud i zmęczenie. Jednak niesie ono też radość i satysfakcję z powodu dotarcia do Matki Bożej. Wszyscy pielgrzymi na początku zastanawiają się, z jaką intencją w sercu będą pielgrzymować. Niektórzy podejmują osobiste wyrzeczenia. Może to być post, dodatkowa modlitwa, obietnica nienarzekania na trudy. U celu czeka na nas Maryja w swoim cudownym obrazie.

Legenda mówi, że obraz Matki Bożej został namalowany na blacie stołu, przy którym Święta Rodzina spożywała posiłki. Prawdopodobnie autorem obrazu jest św. Łukasz. Obraz ten wędrował przez różne kraje i był wyjątkowo czczony. W czasie jednej z bitew obraz został ukryty, a w XIV wieku odnalazł go Władysław Opolczyk i oddał pod opiekę zakonników na Jasnej Górze.

Wyruszamy w drogę. Wyobraź sobie, że kilka lub kilkanaście dni wędrowaliśmy na Jasną Górę. Każdego dnia musieliśmy przejść kilkadziesiąt kilometrów, niezależnie od pogody. Były dni pełne słońca i upału, przed którym nie było ucieczki. Były też dni, kiedy padał deszcz. Codziennie przedstawialiśmy Panu Bogu intencje, z jakimi wyruszyliśmy do Maryi, by przez Jej wstawiennictwo Bóg ich wysłuchał. I oto cel naszej pielgrzymki – Sanktuarium Jasnogórskie. Na placu przed sanktuarium przy ołtarzu polowym będzie odprawiona Msza Święta dla pielgrzymów, którzy przybywają na Jasną Górę.

Wchodzimy do Kaplicy Cudownego Obrazu. Wszyscy w chwili milczenia klękamy, składając Bogu i Jego Matce trud naszej wędrówki. Dziękujemy, że dzięki łasce mogliśmy tu dotrzeć. Na ścianach kaplicy widzimy bardzo wiele przedmiotów zostawionych przez ludzi, którzy chcieli podziękować Maryi za wyproszenie łask u Jej Syna. Dzięki Ci, Matko, za każdy cud uzdrowienia, którego dokonał Jezus przez Twoje ręce! Na lewo od obrazu jest pas, który Ojciec Święty Jan Paweł II miał na sobie podczas zamachu na jego życie. Po prawej stronie złota róża, ofiarowana przez papieża Polaka w czasie jednej z pielgrzymek do Ojczyzny. Spójrzmy jeszcze z bliska w pełne miłości oczy Maryi i powiedzmy Jej o wszystkich naszych kłopotach.

Wychodzimy z kaplicy Cudownego Obrazu i przez Bazylikę pod wezwaniem Krzyża Świętego idziemy do stacji drogi krzyżowej Pana Jezusa znajdujących się wokół murów sanktuarium. Patrzymy na cierpiącego Jezusa.

Na koniec zwiedzamy skarbiec. W nim zgromadzone są dary zwane wotami wdzięczności. Znajdziemy tu bogate monstrancje, kielichy, piękną biżuterię. Zarówno one, jak i przedmioty mniej cenne materialnie, przedstawiają dużą wartość duchową. Przypominają, że Maryja potrafi smutek zamienić w radość.

I tak dobiegła końca nasza pielgrzymka.

Wędrując na Jasną Górę, idziemy do Maryi, Matki Pana Jezusa, która jest jednocześnie naszą Matką. Zwracamy się do Niej często z różnymi sprawami i trudnościami, ponieważ Ona wstawia się za nami u swojego Syna. Wierzymy, że Jezus niczego nie odmówi swojej Mamie, a Maryja zawsze będzie nas prowadzić prostą drogą do Niego.

Sanktuarium Matki Bożej na Jasnej Górze

 Zaśpiewaj

Apel Jasnogórski

Maryjo, Królowo Polski, /x2
jestem przy Tobie, pamiętam, /x2
czuwam.

 Warto wiedzieć

Apel Jasnogórski to modlitwa skierowana do Matki Bożej. Jest ona śpiewana każdego dnia o godzinie 21.00. Modlitwę tę praktykują pielgrzymi oraz wierni w wielu miejscach świata.

 Zastanów się

– Jak często powierzasz Maryi swoje problemy?
– Co możesz zrobić, aby wzrastała twoja miłość do Matki Bożej?

 Zapamiętaj

Szczególnymi uroczystościami, na które do Częstochowy przybywa najwięcej pielgrzymów z całej Polski, są uroczystość Wniebowzięcia Najświętszej Maryi Panny 15 sierpnia oraz uroczystość Matki Boskiej Częstochowskiej 26 sierpnia.

 Zadanie

O godzinie 21.00 pomódl się słowami Apelu Jasnogórskiego. Możesz poprosić o pomoc domowników.

57 Łagiewniki – iskra Miłosierdzia

Wybieramy się do Krakowa, który był kiedyś stolicą Polski. Wiele miejsc przypomina nam, jak ważne jest to miasto. Najbardziej znane to Wawel, Rynek, Sukiennice, Kościół Mariacki. Jeszcze ważniejszym miejscem jest jednak dla nas Sanktuarium Miłosierdzia Bożego w Łagiewnikach, jednej z dzielnic Krakowa. Pan Bóg pragnie nas obdarzyć pełnią szczęścia w niebie, dlatego wzywa nas do nawrócenia, abyśmy zerwali z grzechem i nie szli drogą prowadzącą do kary wiecznej. Gdy żałujemy za grzechy, przebacza nam jak ojciec synowi marnotrawnemu, bo jest miłosierny.

Miłosierdzie to największy przymiot Boga. Jezus również w naszych czasach przypomina o tym, że Bóg jest bogaty w miłosierdzie. Wybrał do tego zadania św. Faustynę Kowalską, polską siostrę zakonną, i powierzył jej misję głoszenia Bożego miłosierdzia.

Święta Faustyna tak opowiadała o spotkaniu z Jezusem:

Przebywałam wtedy w Płocku. Był rok 1931. W niedzielę wieczorem, gdy byłam w mojej celi, zobaczyłam pełną blasku postać Pana Jezusa. Jedną rękę wznosił do błogosławieństwa, a drugą wskazywał na swe serce. Z uchylonych szat na piersiach biegły dwa promienie: czerwony i blady, jak krew i woda, które wypłynęły z Jego boku, gdy umarł na krzyżu. Pan Jezus poprosił, by namalowano taki właśnie obraz z podpisem „Jezu, ufam Tobie". Powiedział, że obraz ten jest „naczyniem", z którym ludzie przychodzą do zdroju Miłosierdzia, i obiecał, że dusze, które będą go czcić, nie zginą. Panu Jezusowi bardzo zależało, aby w pierwszą niedzielę po Wielkanocy było Święto Miłosierdzia Bożego. Mówił mi o tym aż 14 razy.

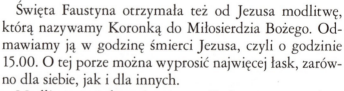

Święta Faustyna otrzymała też od Jezusa modlitwę, którą nazywamy Koronką do Miłosierdzia Bożego. Odmawiamy ją w godzinę śmierci Jezusa, czyli o godzinie 15.00. O tej porze można wyprosić najwięcej łask, zarówno dla siebie, jak i dla innych.

Modlitwę tę odmawiamy na różańcu w następujący sposób:

Ojcze nasz… Zdrowaś Maryjo… Wierzę w Boga…
Na dużych paciorkach:
Ojcze Przedwieczny ofiaruję Ci Ciało i Krew, Duszę i Bóstwo najmilszego Syna Twojego, a Pana naszego Jezusa Chrystusa, na przebłaganie za grzechy nasze i całego świata.

Na małych paciorkach:
Dla Jego bolesnej Męki, miej miłosierdzie dla nas i całego świata.
Na zakończenie: Święty Boże, Święty Mocny, Święty Nieśmiertelny, zmiłuj się nad nami i nad całym światem (3x).

Wielkim czcicielem Miłosierdzia Bożego był św. Jan Paweł II. Przybył on do Krakowa, aby konsekrować, to znaczy poświęcić wspaniałą, nowo wybudowaną świątynię w Łagiewnikach. Przeczytaj, co powiedział tym miejscu w czasie swojej ostatniej pielgrzymki do Polski:

„Trzeba tę iskrę Bożej łaski rozniecać. Trzeba przekazywać światu ogień miłosierdzia. To zadanie powierzam wam, drodzy bracia i siostry, Kościołowi w Krakowie i w Polsce oraz wszystkim czcicielom Bożego miłosierdzia, którzy przybywać będą z Polski i z całego świata. Bądźcie świadkami miłosierdzia!".

Papież zawierzył cały świat miłosierdziu Bożemu.

 ## Zaśpiewaj

Jezu, ufam Tobie.
Swe życie składam Tobie.
Kocham Ciebie.

 ## Zastanów się

– Jak często powierzasz siebie i bliskich Bożemu miłosierdziu?
– Czy jesteś świadkiem Bożego miłosierdzia, jak prosił św. Jan Paweł II?

 ## Zapamiętaj

Święto Miłosierdzia Bożego to dzień łask dla wszystkich ludzi, a zwłaszcza dla grzeszników. Obchodzone jest w pierwszą niedzielę po Wielkanocy.

 ## Zadanie

1. Napisz w formie SMS-a do bliskiej ci osoby, co dziś ważnego dowiedziałeś się na katechezie.
2. Naucz się Koronki do Miłosierdzia Bożego i pomódl się nią o godzinie 15.00.

58 Wadowice – tu wszystko się zaczęło

Wadowice to niewielkie miasto w województwie małopolskim, położone nad rzeką Skawą. Rozsławił je największy i najbardziej znany na świecie Polak – św. Jan Paweł II, który urodził się 18 maja 1920 r. właśnie w Wadowicach. 20 czerwca 1920 r. rodzice, Karol i Emilia, ochrzcili go w kościele parafialnym. Otrzymał wówczas imiona: Karol Józef. W jego życiu było wiele trudnych chwil. Tuż przed jego Pierwszą Komunią zmarła mu mama. Miał wtedy tylko 9 lat. Trzy lata później umarł starszy brat Edmund.

Wielkim autorytetem i wzorem dla młodego Karola był jego ojciec. Z niego brał przykład, jak być uczciwym człowiekiem. Gdy Karol budził się w nocy, często widział modlącego się ojca. W wieku 8 lat rozpoczął naukę w Gimnazjum Męskim im. Marcina Wadowity. Nie było to takie gimnazjum jak obecnie, ówczesny system szkolnictwa różnił się od dzisiejszego.

Karol był bardzo utalentowany i wysportowany. Grał w piłkę nożną i jeździł na nartach. Od pierwszej klasy był ministrantem. Interesował się też teatrem i często występował na szkolnych akademiach, recytując wiersze. Naukę w gimnazjum ukończył egzaminem maturalnym z oceną celującą. Po maturze z kolegami chodzili na kremówki, jak wspominał podczas pielgrzymki do Ojczyzny w 1999 r.

Bazylika Ofiarowania Najświętszej Maryi Panny w Wadowicach

Gdy rozpoczął studia polonistyczne na Uniwersytecie Jagiellońskim, zamieszkał z ojcem w Krakowie. Trwała wtedy II wojna światowa. W wieku 21 lat stracił ostatnią bliską osobę – zmarł jego tata. Wtedy Karol zaczął myśleć o kapłaństwie i wstąpił do Seminarium Duchownego w Krakowie. 1 listopada 1946 r. otrzymał święcenia kapłańskie, a następnego dnia na Wawelu odprawił Mszę Świętą prymicyjną w intencji zmarłych rodziców i brata. W 1958 r. Karol Wojtyła został mianowany biskupem pomocniczym Krakowa, a w 1967 r. papież Paweł VI mianował go kardynałem. 16 października 1978 r. kardynał Wojtyła został wybrany na papieża i przyjął imię Jan Paweł II.

Ty jesteś Piotr [czyli Skała], i na tej Skale zbuduję Kościół mój, a bramy piekielne go nie przemogą. I tobie dam klucze królestwa niebieskiego; cokolwiek zwiążesz na ziemi, będzie związane w niebie, a co rozwiążesz na ziemi, będzie rozwiązane w niebie.

(Mt 16,18-19)

Módl się

Duchu Święty, proszę Cię
o dar Mądrości do lepszego poznawania Ciebie i Twoich doskonałości Bożych,
o dar Rozumu do lepszego zrozumienia ducha tajemnic wiary świętej,
o dar Umiejętności, abym w życiu kierował się zasadami tejże wiary,
o dar Rady, abym we wszystkim u Ciebie szukał rady i u Ciebie ją zawsze znajdował,
o dar Męstwa, aby żadna bojaźń ani względy ziemskie nie mogły mnie od Ciebie oderwać,
o dar Pobożności, abym zawsze służył Twojemu Majestatowi z synowską miłością,
o dar Bojaźni Bożej, abym lękał się grzechu, który Ciebie, o Boże, obraża. Amen.

Zastanów się

– W czym chciałbyś naśladować św. Jana Pawła II?
– O co chciałbyś poprosić św. Jana Pawła II?

Zapamiętaj

Wadowice, to miejsce, gdzie rozpoczęło się życie Karola Wojtyły. W domu rodzinnym uczył się modlitwy, pracy, przyjmowania cierpienia. Tam również uczył się miłości.

Zadanie

1. Naucz się modlitwy do Ducha Świętego, którą przez całe życie odmawiał św. Jan Paweł II.
2. Podaj daty odwiedzin Ojca Świętego Jana Pawła II w jego rodzinnym mieście.

59 Świątynia Opatrzności Bożej – wotum wdzięczności

Bóg, którego nazywamy naszym Ojcem, nieustannie myśli o nas z miłością. Ta miłość jest tak wielka, że nie można jej do niczego i nikogo porównać. I choć niekiedy nie dostrzegasz tej wspaniałej troski Boga, ona jest obecna w twoim życiu zawsze, bez przerwy... Nikt nie zna cię lepiej, nikt cię lepiej nie rozumie i nikt bardziej cię nie kocha. Tę troskę, opiekę Pana Boga nazywamy Bożą Opatrznością.

Bóg, który opiekuje się tobą, twoją rodziną, każdym stworzeniem na ziemi, opiekuje się również twoją Ojczyzną – Polską. W dziejach naszego Narodu jest wiele wydarzeń, które świadczą o trosce Pana Boga. Będziesz je poznawać na lekcjach historii.

Jednym z miejsc, które jest wyjątkowym znakiem wdzięczności Polaków za okazaną troskę i dobroć Bożą, jest świątynia Opatrzności Bożej na Polach Wilanowskich w Warszawie.

5 maja 1791 r. Sejm Polski podjął uchwałę o budowie świątyni Opatrzności Bożej jako wotum wdzięczności za pierwszą w Rzeczpospolitej, a drugą na świecie konstytucję, zwaną Konstytucją 3 Maja. Z uwagi na różne wydarzenia historyczne budowa świątyni nie była ani łatwa, ani szybka – trwa prawie od 200 lat.

Świątynia Opatrzności Bożej została zaprojektowana na planie krzyża. Ma cztery wejścia. Przypominają one o czterech drogach, którymi Polacy dążyli do wolności:
1. Droga oręża.
2. Droga kultury.
3. Droga modlitwy i pracy.
4. Droga cierpienia.

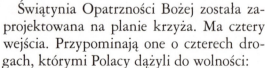

Warto wiedzieć

Wotum wdzięczności – przedmiot ofiarowany Bogu lub Matce Bożej w podziękowaniu za otrzymaną łaskę, np. uzdrowienie.

Nad głównym wejściem został zaprojektowany okrągły witraż symbolizujący Opatrzność Bożą. W całej świątyni ważną rolę odgrywa światło, które przypomina o czuwającej nad nami Opatrzności. Budowa świątyni nadal trwa.

Cały naród Polski chce dziękować Bogu za jego opiekę, na przykład podczas wojny. Dlatego zostało ustanowione Święto Dziękczynienia za łaski okazane Narodowi Polskiemu, obchodzone w pierwszą niedzielę czerwca.

W naszym codziennym życiu mamy wiele powodów do wdzięczności – małych i dużych. Nie jest sztuką dziękować za rzeczy wielkie, wspaniałe, najbardziej oczekiwane. Sztuką jest dziękować za rzeczy małe, niepozorne, zwyczajne, takie oczywiste, że niemal niezauważalne.

 Zastanów się

– Komu i za co najczęściej dziękujesz?
– Czy pamiętasz, że Bóg czuwa nad tobą i się tobą opiekuje?
– Za co chciałbyś podziękować Bogu najbardziej?

 Zapamiętaj

Opatrzność Boża to opieka Boga nad światem i każdym stworzeniem. Bóg, który stworzył świat, wciąż się nim opiekuje.

 Zadanie

Narysuj w zeszycie własne „wotum wdzięczności".

60 Afryka i Azja – Ewangelia na krańcach świata

Dla nas, Polaków, Afryka i Azja to odległe kontynenty. Jak wygląda życie twoich rówieśników w Afryce i Azji? Jest często bardzo smutne. Na pewno nie chciałbyś się z nimi zamienić. W Afryce każdego roku umiera z głodu 6 milionów dzieci przed osiągnięciem piątego roku życia. W Azji dzieci pracują po 12 godzin dziennie, a zarobione pieniądze nie wystarczają nawet na skromne wyżywienie. Wiele z nich nie chodzi do żadnej szkoły, ponieważ albo szkoły w pobliżu nie ma, albo dzieci nie mają czym za nią zapłacić. Są dzieci żołnierze, są także dzieci niewolnicy. Każdego roku na świecie sprzedaje się ponad milion dzieci, które pracują potem jako najtańsza siła robocza.

Są też dzieci, które nie znają Boga. Nie słyszały o Jezusie, nie znają Jego Ewangelii. Kościół posyła więc do Afryki i Azji misjonarzy. W Afryce pracuje około 900 misjonarzy z Polski, w tym 24 misjonarzy świeckich, a do pracy w Azji wyjechało z Polski 258 misjonarzy, w tym 8 osób świeckich. Ich zadaniem jest mówić o Panu Bogu i udzielać sakramentów. Ale jak mówić o Bogu, gdy ktoś jest głodny lub chory? Misjonarze zajmują się więc najpierw pomocą biednym i głodującym. Opiekują się chorymi, zakładają szkoły, w których uczą czytać i pisać. Czyniąc to wszystko, misjonarze wypełniają nakaz Chrystusa.

> Idźcie więc i nauczajcie wszystkie narody, udzielając im chrztu w imię Ojca i Syna, i Ducha Świętego. Uczcie je zachowywać wszystko, co wam przykazałem. A oto Ja jestem z wami przez wszystkie dni, aż do skończenia świata.
>
> (Mt 28,19-20)

Misjonarze głoszą Ewangelię czynami i słowem. Przeczytaj, o co prosi papież Benedykt XVI:

„Ewangelia jest darem, którym trzeba się dzielić. Głoszenie Ewangelii to najcenniejsza posługa, jaką Kościół może ofiarować ludzkości i każdej poszczególnej osobie.

Nie możemy być spokojni, jeśli pomyślimy, że po dwóch tysiącach lat wciąż są narody, które nie znają Chrystusa i nie słyszały jeszcze Jego orędzia zbawienia. Co więcej, powiększa się też rzesza osób, którym wprawdzie była głoszona Ewangelia, ale zapomniały o niej i oddaliły się od niej, nie utożsamiają się już z Kościołem".

(Benedykt XVI – 85 Światowy Dzień Misyjny 2011)

Co ty możesz zrobić dla krajów misyjnych?
Możesz się modlić za misjonarzy i za dzieci, z którymi pracują.
Możesz się modlić o nowe powołania misyjne.
Możesz napisać list do misjonarza i do twoich rówieśników z krajów misyjnych.
Możesz się włączyć w pracę Koła Misyjnego w twojej parafii.
Możesz złożyć ofiarę ze swoich trudów i wyrzeczeń.

 Zaśpiewaj

Wiele jest serc,
które czekają na Ewangelię.
Wiele jest serc, które czekają wciąż.

1. Napełnij serce twoje
tym kosztownym nasieniem,
A zobaczysz, że Bóg
poprowadzi cię do ludzi.

Wiele jest serc,
które czekają na Ewangelię.
Wiele jest serc, które czekają wciąż.

2. Sam zobaczysz, że Bóg
poprowadzi cię do ludzi,
Których będziesz mógł
zaprowadzić do Chrystusa.

 Zastanów się

– W jaki sposób możesz pomóc misjonarzom i swoim braciom w krajach misyjnych?

 Zapamiętaj

Chrystus może się tobą posłużyć, by zmienić nasz świat na lepszy.

 Zadanie

Napisz, w jaki sposób możesz wspierać misje.

Sprawdź swoją wiedzę

1. Przydrożne krzyże i kapliczki są:
   a) ciekawym elementem krajobrazu wsi polskiej,
   b) znakiem wdzięczności ludzi za dary otrzymane od Boga,
   c) specjalnymi znakami drogowymi dla kierowców.

2. Sanktuarium Jasnogórskie znajduje się w:
   a) Warszawie,
   b) Częstochowie,
   c) Krakowie.

3. Do Sanktuarium Jasnogórskiego pielgrzymi przybywają najliczniej na:
   a) Boże Narodzenie,
   b) Dzień Matki,
   c) uroczystość Wniebowzięcia Najświętszej Maryi Panny oraz uroczystość Matki Boskiej Częstochowskiej.

4. Pan Jezus misję głoszenia Bożego miłosierdzia powierzył:
   a) św. siostrze Faustynie,
   b) siostrze Łucji z Fatimy,
   c) Bernadecie Soubirous.

5. Święto Miłosierdzia Bożego obchodzone jest:
   a) 2 lutego,
   b) w pierwszą niedzielę po Wielkanocy,
   c) w Wielki Piątek.

6. Karol Wojtyła urodził się, przyjął chrzest i dorastał w:
   a) Warszawie,
   b) Krakowie,
   c) Wadowicach.

7. Znakiem wdzięczności Polaków za opiekę i dobroć Bożą dla narodu jest:
   a) Sanktuarium Miłosierdzia Bożego w Krakowie Łagiewnikach,
   b) Sanktuarium Matki Bożej w Częstochowie,
   c) Świątynia Opatrzności Bożej w Warszawie.

8. Zadaniem misjonarzy jest:
   a) zwiedzanie ciekawych miejsc,
   b) głoszenie Ewangelii i pomoc biednym,
   c) przygotowywanie map i przewodników turystycznych.

Spis treści

Rozdział I
Wielki kosmos i moje podwórko 6

1. Miejsca wakacyjnych wspomnień – wspaniałość świata 8
2. Niebo i ziemia – całe stworzenie chwali Boga 10
3. Niezwykła biblioteka – Pismo Święte 12
4. W poszukiwaniu ogrodu Eden – opowiadanie o szczęściu ... 14
5. Za bramą raju – opowiadanie o nieszczęściu grzechu 16
6. Drogi powrotu – Bóg szuka tych, którzy zbłądzili 18
7. Serce otwarte dla wszystkich – pierwsze piątki miesiąca ... 20
8. Fatima – miejsce spotkania z Maryją 22

Rozdział II
Szlak patriarchów 24

9. Przeprowadzka Abrahama do ziemi Kanaan 26
10. Kanaan – Ziemia Święta, darowana przez Boga 28
11. Egipt – kraina urodzaju i ziemia niewoli 30
12. Morze Czerwone – droga ucieczki i ocalenia 32
13. Przez pustynię pod Bożą opieką 34
14. Synaj – góra Bożych przykazań 36
15. Namiot Spotkania – miejsce szczególnej bliskości Boga ... 38
16. Cmentarz – miejsce pamięci i modlitwy 40
17. Grób Nieznanego Żołnierza – miejsce wdzięczności bohaterom 42
18. Sąd Boży – gmach sprawiedliwości (Uroczystość Chrystusa Króla) 44
19. Otwarte niebiosa – adwentowe wołanie 46

Rozdział III
Ziemia Bożej obietnicy   48

20. Jordan – ostatnia przeszkoda w drodze do celu   50
21. Jerycho – miasto zdobyte Bożym sposobem   52
22. Jerozolima – królewska stolica   54
23. Świątynia – mieszkanie Boga   56
24. Izrael i Juda – podzielone królestwa   58
25. Babilonia – ziemia wygnania   60

Rozdział IV
Szlak Pana Jezusa   62

26. Nazaret – „anielska poczta"   64
27. Ain Karim – niecodzienna podróż   66
28. Betlejem – Grota Narodzenia   68
29. Ponownie Nazaret – rodzinny dom Jezusa   70
30. Pielgrzymka do świątyni   72
31. Wody Jordanu   74
32. Góra i równina – modlitwa i moc   76
33. Jezioro Genezaret – uciszenie burzy   78
34. Kafarnaum – wystarczy wierzyć   80
35. Na pustkowiu – niespotykana uczta   82
36. Tabor – Góra Przemienienia   84
37. Góra Błogosławieństw – wskazówki na drodze do szczęścia   86
38. Betania – przy grobie   88
39. Lourdes – troska o chorych   90

Rozdział V
Droga pokuty   92

40. Nie tak szybko! – popielcowy przystanek   94
41. Pustynia Judzka – walka z pokusami   96
42. Wieczernik – ofiara z samego siebie   98
43. Ogród Oliwny – najtrudniejsza modlitwa   100
44. Dziedziniec Piłata – przed sądem   102
45. Ulice Jerozolimy – ostatnia droga   104
46. Golgota – cena zbawienia   106
47. Grób Jezusa – sobotnie czuwanie   108

Rozdział VI
Szlak nowego życia   110

48. Pusty grób – największe zwycięstwo   112
49. Droga do Emaus – odkrywcza podróż   114
50. Przez zamknięte drzwi – niezwykłe wejście   116
51. Góra Oliwna – zapatrzeni w niebo   118
52. Więzienna cela – moc modlitwy   120
53. Po krańce ziemi – apostolska misja   122
54. Dom Ojca – cel naszej wędrówki   124

Rozdział VII
Szlak wiary   126

55. Na rozstaju dróg – przydrożne krzyże i kapliczki   128
56. Częstochowa – niezwykła wycieczka   130
57. Łagiewniki – iskra Miłosierdzia   132
58. Wadowice – tu wszystko się zaczęło   134
59. Świątynia Opatrzności Bożej – wotum wdzięczności . . .   136
60. Afryka i Azja – Ewangelia na krańcach świata   138

Sprawdź swoją wiedzę
Prawidłowe odpowiedzi

Rozdział I
s. 17:   1b, 2c, 3a.
s. 24:   1b, 2a, 3c, 4c, 5b, 6b, 7a, 8c, 9c, 10c.

Rozdział II
s. 31:   1c, 2a, 3c, 4b.
s. 48:   1a, 2c, 3a, 4b, 5b, 6b, 7c, 8a, 9b, 10c, 11b.

Rozdział III
s. 61:   1c, 2a, 3a.
s. 62:   1c, 2a, 3b, 4c, 5c, 6b, 7b, 8a.

Rozdział IV
s. 92:   1b, 2b, 3c, 4a, 5b, 6c, 7a, 8b, 9a, 10c, 11b, 12c, 13a, 14b.

Rozdział V
s. 109: 1c, 2b, 3c.
s. 110: 1a, 2c, 3c, 4a, 5b, 6c, 7a, 8a,b,c, 9b, 10b.

Rozdział VI
s. 119: 1b, 2c, 3b.
s. 125: 1c, 2b, 3c.
s. 126: 1a, 2b, 3a, 4c, 5c, 6c, 7a, 8a,b,c, 9b, 10a.

Rozdział VII
s. 140: 1b, 2b, 3c, 4a, 5b, 6c, 7c, 8b.